むなしさの正体

正しい幸せの求め方

武田双雲

朝日新聞出版

むなしさは、
消えない。

誰もが生まれながらにして
もっているものです。

むなしさは、スマホに初期の状態で入ってるアプリのようなもの

けれど、
調整できます。

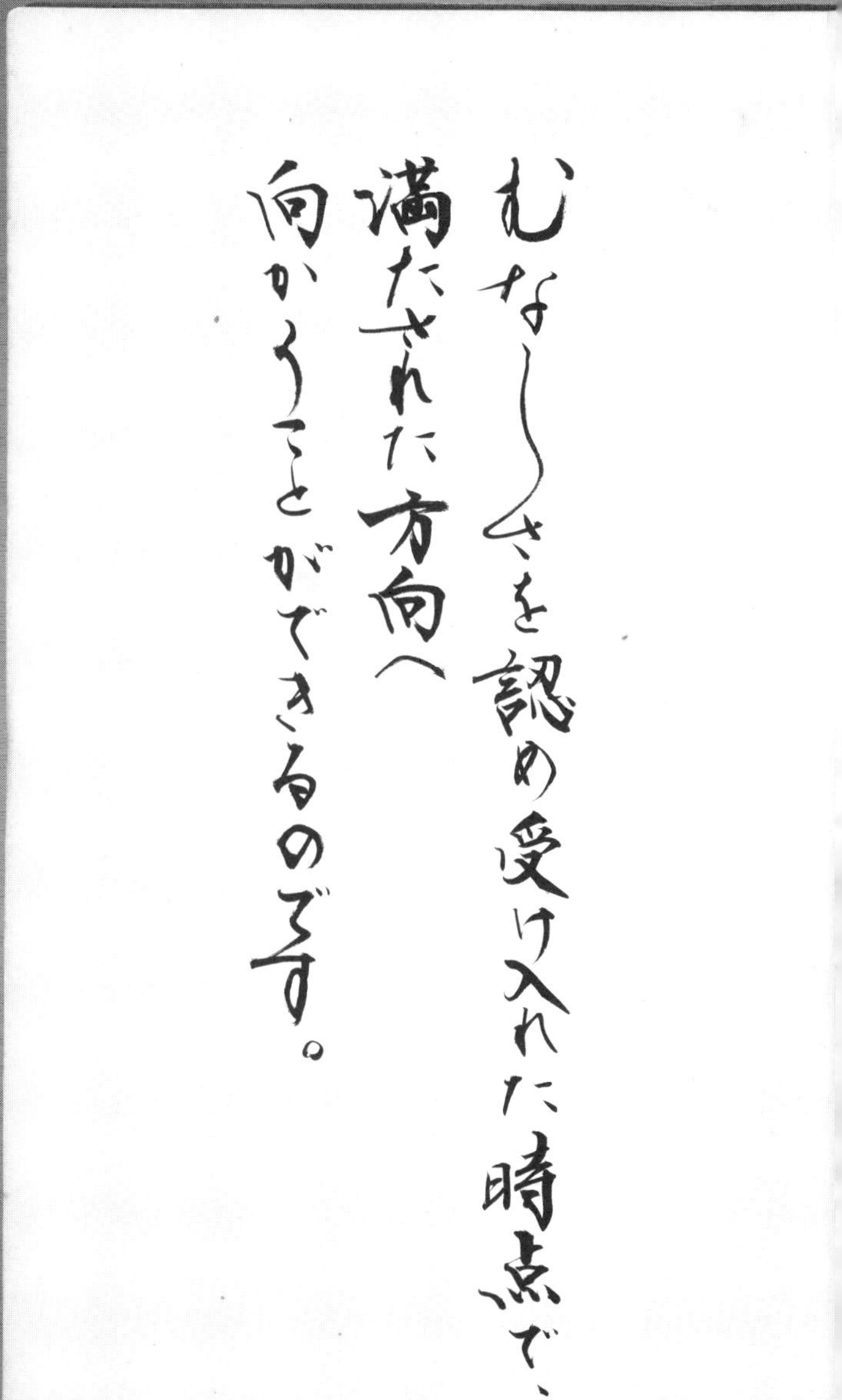
むなしさを認め受け入れた時点で、
満たされた方向へ
向かうことができるのです。

削除はできないけど、立ち上げないでいることはできる

まえがき

むなしさを考えるきっかけ

前向き、明るい、笑顔の三拍子そろった、一見ポジティブに見える人ほどむなしさを抱えていたりします。それはなぜでしょうか。

その謎を解く前に、この本を出すにいたったきっかけをお話ししようと思います。

僕は書道家ですが、「幸せ」について、ずっと考えてきました。

その結果、自分だけではなく、周りも幸せにする方法を見つけました。僕の幸福値は、日増しにどんどん上がっていっています。

すっかり身についたポジティブのメソッドについて、本やイベントを通じて世の中に発信させていただいていますが、そんななか、ひとつのことがひっかかるようになりました。仕事やプライベートで会ういろいろな人のなかに、「むなしさ」を見いだすことが増えてきたのです。それも、明るい性格の人や著名人など、一見むなしさとは無縁な人々にこそ、強く感じるのです。

とあるテレビ番組で、毎晩夜遊びをして家になかなか帰らない若者たちと話したとき、「なぜ夜遊びが悪いのでしょうか。すごく楽しいのに」と言うので、「本当はむなしいんじゃないの？」と聞くと、泣き出してしまいました。また、違う番組では、ある有名な俳優の方の過去のトラウマを当ててしまったのです。

そんなことが続き、「人はなぜ、むなしくなるのか？」について、考えるようになりました。

認められたいのに認められないから？　承認欲求？　僕は両親から十分すぎるほど承認されていたな。でも、学校ではリアクションを得られなくて、みんなから嫌われてるんじゃないかって思っちゃったな――ここまで思い出して、急に気付きました。

あ、僕、むなしかったんだ！

僕も子どものころは、むなしさに苦しんだ

そのときは気付いていませんでしたが、いま思えば小学校5年生ぐらいまでは、むなしさがありませんでした。天然の明るい無邪気な男の子です。でも、家庭で親からもらっているのと同等のリアクションが学校で得られず、むなしくなっていきました。

加えて、男子の自我の目覚めも関係していました。モテない、女の子が注目してくれない……。女の子にモテないなんて普通の男子には珍しいことではないと思うのですが、家では母親から、大智（本名）はハンサム、可愛い！　男前！　とべた褒めされていました。なのに外では、特別には愛されていない。いま振り返るとこのように、むなしかった理由がわかりますが、当時は言葉にすることができず、何かを求めているわけでもないのに、何か満たされない思いを抱いていました。

中学生になると、さらにむなしさは膨らみました。モテないのもありましたが、先生の話は理解できないし、友だちと話が噛《か》み合わない。とても孤独でした。

いま僕が講演会やメディアでお伝えしているたくさんのメソッドの基は、子どものころから頭の中にありました。けれど言語化する能力がない。一般の常識とはだいぶ違いがあ

ることは、何となくわかっているんだけど、その違いをどうやって埋めたらいいのか、周囲にどう発信していけばいいのかわからなくて悩んでいました。

　また、家庭では両親のケンカが増えてきました。両親とも若かったので、手が出る、物が飛ぶ、ドアが壊れる、壮絶なケンカでした。それを止めるのは長男である僕の役目。弟たちも守らないといけないから必死です。家庭内の空気は、かなり悪くなっていました。もうまくいかない。

　家にいても学校にいても、気が休まらない。言いたいことが伝わらないし、何をやってもうまくいかない。もやもやしたものがずっと、心に溜《た》まっていました。

　思えばあのころは、自分の環境を「何もうまくいかない状態」と、固定してしまっていたのです。むなしくなるメカニズムに、はまっていました。

　中学に入ってすぐ、僕は進学塾に入れてもらいました。教室の生徒は、僕とは別の学区の中学生がほとんど。マイノリティ側の子どもだから、意地悪されました。座っているだけなのに「そこどけよ」と言われたり、数人がかりでケンカをふっかけられたり。僕もイライラしていたので、取っ組み合いになったこともありました。

　部活は野球部でした。周りの友だちとは話が嚙み合わないので、部内でも孤立していました。チームメイトに話しかけても、プイッと横を向かれ、無視されていました。練習に打ちこんでいる間はいいけれど、部室に戻ってみんなワイワイ楽しそうに話しているときは、僕だけぽつんとひとりです。仲間の輪に入れてもらえなかったむなしさは、いまでも覚えています。

高校時代になると、ほんの少しだけ、むなしさは軽くなりました。ハンドボール部に入ると、180センチを超える左利きの新入生が来た！　と、大歓迎されました。だけど僕は、戦って勝つことの意味が、わからない。体格には恵まれているけれど、闘争心が全然ないので、またチーム内で浮いた存在になりました。

教室では少し、僕の話をわかってくれる友だちができました。けれど、2、3年に上がると、同級生はだんだん音楽やファッションに興味を持つようになります。大人の娯楽に、憧れが出てくるんですね。一方で僕は、花の形や葉っぱが落ちていく様に、心から感動し続けていました。その辺の道を歩いているだけで、面白くてしょうがない。僕だけ周りと違って、10歳ぐらいから成長できていないような感じ。クラスメイトがだんだん、僕から離れていく、そんなむなしさがありました。

大学生になって、アパートでひとり暮らしを始めました。引っ越した日の片づけに、母親が来てくれました。ひと段落した後、母親が帰った後の部屋は、がらんとしていました。部屋にいるのは僕ひとり。いままでは家族と住んでいましたが、ここからは本当に、僕ひとりで生活していかなくちゃいけないんだな……と、またむなしさに襲われました。

落ち着いて振り返ると、十代のほとんどの期間は、むなしかったのです。

未来への不安から生じるむなしさではありません。いまこの瞬間、自分の周りにわかってくれる人がいないという、言葉にはできないむなしさが、重くたゆたっているような感じでした。

そのうち大学では親友や、初めての彼女ができたりして、むなしさは消えていきました。気の合う友だちと麻雀やって、ドライブして、彼女とデートして、勉強して……充実していましたね。ところが大学の4年生ぐらいに、再びむなしさが生じました。友だちが就活で忙しくなり、彼女ともうまくいかなくなって。またひとりになる時間が増えていました。NTTに入社した後も、学生時代とはどこか違うむなしさを感じていたような気がします。

受動的な人生はむなしい

小5からNTT時代まで、いろんなタイプのむなしさを経験しました。

なぜ、むなしかったのか？

それぞれに環境が違いますが、ひとつ共通点があります。

受動的な人生だったという点です。

勉強も仕事も100％すべて、他人から与えられたものでした。習い事は母親に言われるままに始めて、進学も就職も周りがみんなやっているからという空気感に乗って、自分もそうしていました。

「幸せの求め方」、つまり、目標設定を間違えていたのです。

僕の意志での最初の決断は、会社を辞めることでした。

受動的だった人生を、初めて能動的に変えていこうと、誰にも決められていない道を自分の足で歩き出したあのワクワクは忘れられないですね。

お給料をもらえない生活や保障のない暮らしに対する不安は少しはありましたが、未踏のアドベンチャーに出ていく興奮のほうが大きくて、それまで僕にまとわりついていたむなしさはスーッと減っていきました。

ストリート書道を始めた当初は、まったくお客さんがいませんでした。一日中、路上で待っていても、誰も立ち止まってくれません。寂しくはあったけれど、辛くはなかったですね。状況的には孤独だったのかもしれませんが、学生時代のように、受動的な人生での孤独ではない。自分の意志でチャレンジに飛びこみ、進んでひとりになったのです。

誰かに、世界中の人に、メッセージを伝えていきたい。

そんな「ビジョン」ができると不思議と、路上にぽつんとひとりで座っていても、むなしくはありませんでした。

受動的な人生のむなしさは、能動的にチャレンジすることで、大幅に軽くなります。

いま思えば、そこが僕の大きな転機でした。

武田双雲がむなしさについて語る意味

少年時代の孤独はむなしくて、ストリート書道時代の孤独はむなしくない。その違いは何だろう？　過去のむなしかった時期を経て、いま満たされている僕だからこそ伝えられることがあるのではないか。

そう考え、これまでの長い考察の結果を、この本にまとめることにしました。むなしさの大きな原因のひとつは、自分を偽ることです。

受動的な人生を送っていたときも僕は、自覚こそしていませんでしたが、「本当はこんなことをやりたいわけじゃない」と、心の底で感じていたのでしょう。

学生時代は思考がまだ未熟だったり、NTT時代は仕事が忙しかったりで、知らないうちにむなしさは募っていたと思います。

現代社会では、自分のむなしさに、気付いていない人が増えています。

受動的な人生の忙しさに、いっぱいいっぱいになっている。時間に追われて、やるべきことを次から次へこなしているうちに、自分の心の声を聞き逃していることがあります。

まずは、むなしさの存在を認めるところから。むなしさの存在に気付いた時点で、あなたは満たされる方向に向かっています。

では、どのようにすればよいのか？

むなしいことにすら気付かず、ひたすら満たされなかった日々を思い返し、僕なりに考えた「満たされるメソッド」をご紹介します。

また、社会学者でも、心理学者でもない、いち書道家の武田双雲が、むなしさの正体について語ることにはもうひとつ意味があります。

書道家とは、常に言葉を選ぶ仕事なのです。

書の依頼があったとき、たとえば「希望」と書いてくださいと言われたとします。「希望」の字そのものはパッと書けますが、依頼主にきちんと「あなたが言う希望は、どういった希望ですか？」とカウンセリングしないと、求められている本当の「希望」は書けません。

書道家は、言葉と日々哲学をしています。

「希望」は、すぐ書けます。でも、どういうことの希望なんですか？　というのが腑に落ちていないと、文字は生まれません。

以前、サントリーの「ザ・プレミアム・モルツ　マスターズ　ドリーム」のCMで「夢」の字を依頼されました。そのときは、醸造家さんたちに時間をかけて詳しくヒアリングしたので、本気の夢を聞き出すことに成功しました。テレビでご覧になった方も多いと思いますが、あの「夢」が生まれるまで、僕はしっかり哲学を重ねていました。

うまい字を書ける、それが書道家というわけではありません。

言葉について、どの業界にも属さず、日々めちゃくちゃに哲学している。むなしさのような、曖昧でつかみどころのない言葉も同様に。だから、言葉の本質を客観的に、表にさらけ出せます。それが書道家の強みでしょう。

たとえば、「満足」という字を依頼されたとします。「満足」と書くときにとことん言葉と向き合うと、同時にむなしさが立ち現れてきます。

むなしさも併せもっての、「満足」を書く。その本質的な表現で、勝負している仕事です。

「むなしい」の字の依頼があれば、それだけで小説1冊分ぐらいのイメージをもって書に取り組むように心がけています。加えて、その字ひとつを市場に売り出すためには、映画何本分かの深みや描きこみがないと、太刀打ちできません。

また、字の「偏《へん》」や「旁《つくり》」の組み合わせにも注目しています。

「嘘」という字には、「虚しい」という字が入っています。たしかに、嘘は口に出すと虚しくなりますね。

書道家とは、そういう仕事。形だけで臨んでいるわけではないのです。その字が、わかる力というのでしょうか。言葉に対する共感スイッチを、全部オンにしています。

人はそれぞれ、世の中にあるいろいろな概念を、全員がもち合わせて生きています。そのなかから共感できるものを引き出すのが僕の仕事です。

過去のむなしかった経験や感覚と、書道家の能力を活かし、むなしさという、不思議な言葉のメカニズムを、僕なりに解いていきました。

むなしさの正体を、わかりやすく、多くの人に伝えていこうと思います。

さて、ここで冒頭の質問に戻ります。一見ポジティブに見える人ほど、むなしさを抱えているのはなぜか。それは、第1章から登場する「つかみ系」の人々の特徴を知ることでわかるでしょう。

むなしさの正体

目次

第1章 むなしさの正体を解く

第2章 むなしさいろいろ

第3章 僕がいま、むなしくならない理由

第4章 むなしさとの付き合い方 ——上手にチューニングする実践法

第1章

むなしさの正体を解く

未来志向・成長主義がむなしさの原因

「つかみ系」にはむなしさがつきまとう

期待と夢を持って、努力して何かを叶《かな》えようとする人がいます。目標は具体的で、そこに到達すれば幸せになれると信じて、ひたすら頑張っている。

そういう人たちを僕は〝**つかみ系**〟と呼んでいます。

系というと揶揄《やゆ》しているというか、ネガティブにとらえられるかもしれませんが、否定的な意味合いではありません。

つかむために努力する。それ自体は悪いことではありません。人の成長を促すいいものだと思います。

しかし、**つかみ系は、気をつけなければいけません。**

「つかみ系」の思考回路

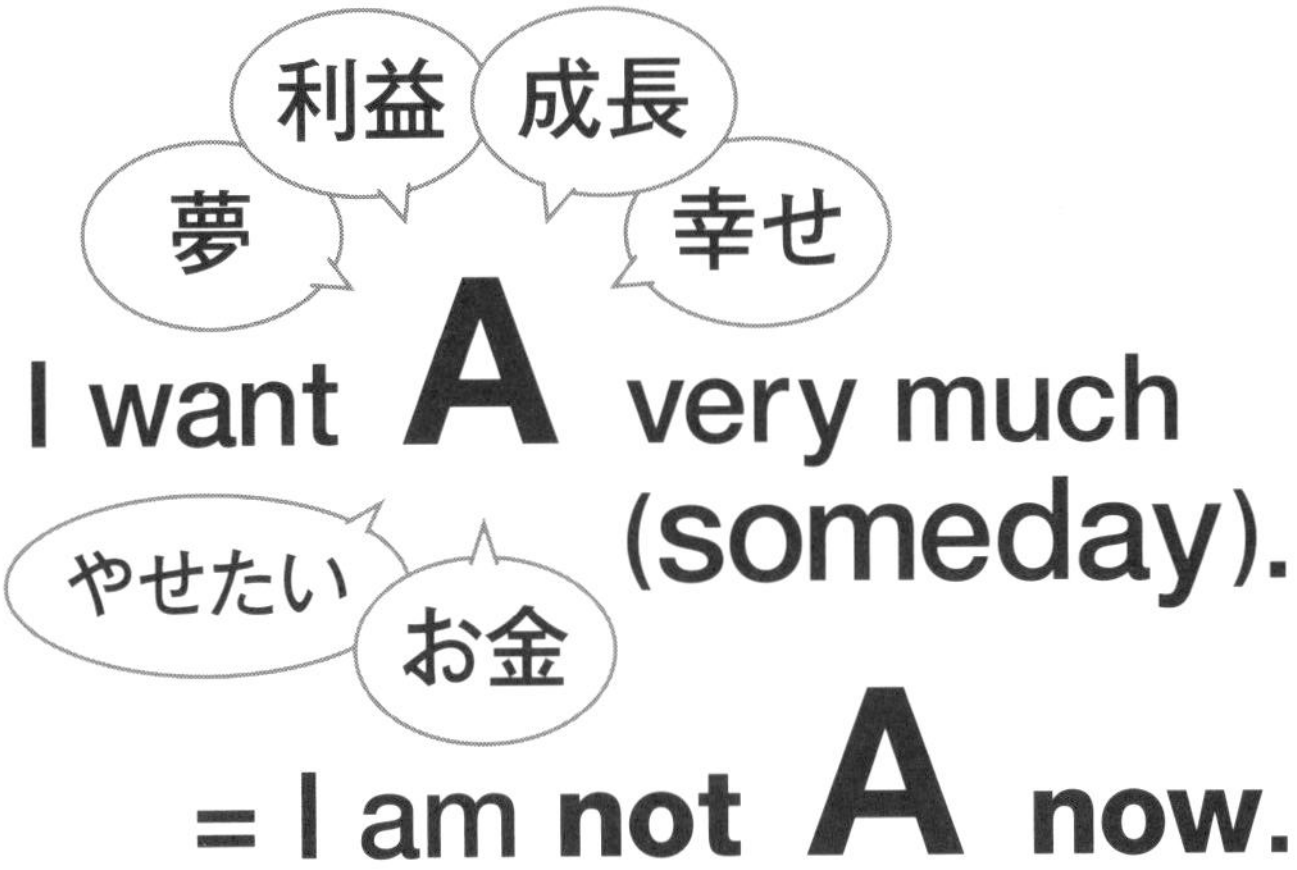

むなしさを、非常に生みやすいのです。

夢を追いかける、利益を求める、成長を求める、幸せになりたい、お金が欲しい、やせたい……など、基本的につかみ系は、何かを求めています。

求めている、ということはすなわち、**いまここには欲しいものが「ない」という状態**ですね。

欲しがっている。いずれ手に入れたい。**「someday」に、意識が向かっています。**

お茶を飲みながら、お茶が欲しいとは思いませんよね。want を感じている時点で、心は someday の状態。つまり、未来に期待を寄せている。

いいことのようにとらえられますが、

本当はどうでしょうか。

考えてみましょう。

強く欲しがる、未来に強く期待しているということは、いまは「ない」ということの実証です。

つまり、ここには「ない」、自分には「ない」のだという状態を、決定づけています。

この欠落感が、むなしさを引き寄せていると言えます。

want が強ければ強いほど、むなしさは強まります。「いま自分は満ち足りていない感」は、欲しい気持ちの裏返し。よりよい未来を求めると、むなしくなりがちなのは、そういうことです。

ただ、むなしさが強烈になればなるほど、手に入れたときの達成感や喜びは、大きくなります。

たとえばディズニーランドに行きたい、近所のコンビニに行きたい、どちらも欲求ですが、満たしたときの喜びはまったく違うものですよね。近所のコンビニにはサンダルを履いて家からちょっと歩けば着きますが、ディズニーランドにはきちんと着替えてお金を用意して、電車に乗るか、車に乗って長い渋滞を耐えて、やっと着く。当然、ディズニーランドのほうが、行きたい欲は強いし、着いたときの達成感もあります。

高嶺の花ほど、花が美しく見えるメカニズムと通じています。花の種類は同じなのに、手に入れる場所の難しさで、美の基準が高まっている。この抽象的な差が、むなしさを増幅させています。

高いところのものがいいという価値観をもつと、むなしさが生まれやすくなります。たとえば若手のアーティストが、最大の目標に日本武道館でライブをする！　というのを、しばしば聞きます。

その思い自体は悪いことではありませんが、この目標を最大値に設定することに、僕はギモンを感じます。

成長にこだわりすぎない

何々を目指す！　というマインドは、むなしさに縛られやすくなります。

いまそこに到達できる力はない。だけどいつか成長して、高いところに立つんだという。いいことのように思えますが、そもそも成長にそこまでとらわれる必要があるのでしょうか？

部活や勉強、会社での成績……。上位であればあるほどよいとされ、常識的に、成長をポジティブに受け入れていますが、人は成長しなくてはいけない、と、思いこみすぎではないでしょうか。

植物は成長にこだわって成長しているわけではありません。成長にこだわらなくても実をならすことはできます。

多くの人は、成長にとらわれすぎています。

成長したいマインドが強くなると、何が起こるのか。いまよりも、未来が上位になってしまいます。

思い描いている成長ラインが、高いほうに延びているほど、現在は下の位置になりますよね。つまり、いまがネガティブに設定されてしまう。

よく「昔の私はダメだった」とか「過去なんてもう思い出したくない」という人がいますが、本当にダメなんでしょうか。

未来へ成長していくことに意識を向けすぎて、過去のランクを下げているのではないでしょうか?

もし本当に過去はダメなものなのだとしたら、赤ちゃんは一番ダメな存在となります。赤ちゃんのほうが、人として下でしょうか?

未来志向・成長主義を、僕は問い直したいです。

成長にこだわると、幻想は膨らみ、希望も膨らみます。すると、いまの「ない」状態も膨らむ。そして、未来への幻想と希望に依存しがちになります。

特に困ったことはないのに、何かむなしい、何か満ち足りない……そういう人は、成長することに希望をもっています。きちんとした夢ももっているはず。

それはそれでいいんですが、バランスは大切です。

いまと未来のランクを近づけること。未来だけが素晴らしいわけではありません。

成長を求めることだけが、素晴らしいわけではありません。いまの自分は本当の自分じゃない、こんなはずじゃなかった……という感情は、自分でバランスを崩しているパターンが、ほとんどです。

本当は誰もが、バランスよく満たされています。そのバランスを崩す原因のひとつが、未来志向・成長主義です。

バランスの大切さは、経済学者のトマ・ピケティも説いています。彼は格差社会はいけないと言っているわけではありません。格差は格差として認めつつ、格差のバランスを取って、よりよい社会をつくっていこうと提唱しています。

ちょっと脱線しますが、ピケティは、過去の古典の思想などはまったく知らないと言います。

自論のベースは、コンピューターがはじき出した統計データのみ。

そのデータによると格差社会は、どんどん広がっていくし、このままじゃいろいろまずいですよ、いずれ飢餓や反乱や戦争が起きるから、バランスを取りましょうと言っています。

誰も反論できないですよね。確実なデータを基にして、どっちかの極に振れようというのではなく、ちょうどいいところに収めようと唱える人には、文句をつけようがない。

むなしさに対する僕の論も、ピケティに近いものがあります。

いまの世の中は、ちょっと未来志向に偏り、未来に何かあると思いすぎじゃないでしょうか。

未来のために、いまを犠牲にしていないか問うていきたいと思います。

「知足《ちそく》」という言葉があります。『老子』の33章「足るを知る者は富む」に書かれている言葉で、まず、いま満たされているということを知ろう、という意味です。

このまま未来を、希望を追い続けて、いまを「ない」状態にセットしていると、満たされる瞬間は、訪れません。

いまは、全部「ある」のです。

ゴールを目指すとむなしい

『ドラゴンボール』のピッコロ大魔王みたいに、世界征服が夢だという人は、その後どうしたいのでしょうか。

世界征服が目標らしいけど、どういう征服をしたいのでしょうか？

征服そのものに、意味があるのか。そこからが、本当のスタートじゃないでしょうか？

たとえば日本武道館でのライブを目指すアーティストも同じです。そこがゴールになっていると、日本武道館にはまだ遠い、いまの「ない」状態が膨らみます。

日本武道館を目指すのではなく、日本武道館のライブから、スタートする意識をもつと、その先の展開が変わると思います。ゴールへ向かう未来志向は、達成した時点で燃え尽きてしまうので、しばしば、むなしさを伴います。

よく対談の仕事で、若手起業家の方とお話しします。たまに「世界一の企業を目指す」とおっしゃる方がいますが、それはそれで、心意気があって頼もしい。一方で、僕は「いや、それスタートとして見ませんか？」と提案します。

世界一は世界一でいいんですが、何をもってしての一番なのか。売上高なのか社員数なのか。一番の基準が、見えてこない。世界一の企業になって、社員の幸福度を上げて、社会全体のライフスタイルをどう高めていくかまでを描けている企業家は、すごく少ないと感じます。

成長の果てに、何を見つけたいのか。そこから何をしていくのか。しっかり自分に問い合わせることが大事です。

では、アーティストは日本武道館ではなく、何を目指せばよいか。もっと広がりのあるよりよい「ビジョンの描き方」について、このあと述べていきます。

むなしさの方程式を解いていく

視点を変える

風潮として「我慢と引き替えに何かが手に入る」思想が、当然になってしまっているような気がします。そうではない。僕らはもう、我慢しなくても有り余る豊かなものを手にしているはずでしょう。

江戸時代は、江戸から京都まで歩いて2週間、飛脚でも3〜4日かかっていたのが、今は東京駅から京都駅まで新幹線で約2時間20分。インフラはほぼ完全に整って、スマホ一台で世界中の情報を知ることができます。物も充分すぎるほど、行き渡っています。娯楽も、美味しい料理もいっぱい。旅行も自由。医療も進んで、長生きできます。いったい何が足りないのか？　何を我慢して、手に入れなくてはいけないことがあるのでしょうか。

視点を変えてみることが大切。僕たちは未達成なのではなく、すでにすごいことを達成しているのだと自覚してみてください。

一回、達成しちゃったことにしませんか？

人類はパーフェクトに満たされている、というところから始めませんか？　というのが僕の提案です。

要は、**何に対して満ち足りて生きていくか**、ということ。

足りないから未来に期待をフォーカスするか。未来ではなく、いま満ち足りていることにフォーカスするか。いまこの瞬間の幸福値が高いのは、もちろん後者です。

先ほども例に挙げましたが、社会人なら大部分の人が持っているスマホ、あれは本当に未来のアイテムです。いまや日常の道具として普通に使っていますが、たった10年前ではありえない便利な機能が、無数に詰まっています。スマホを仕事で使って、まだまだ不便だなと文句をつける人もいますが、とんでもない。「こんなにすごい道具を持っているなんて！」「開発してくれた人に感謝！」と思えば、見え方がまるで変わってきます。

すごく簡単なことですよね。見方を変えたらいい。

いろいろなことに感動しながら生きる。「感動力」を高めれば、心は満ち足りている状態に近づいていきます。

自分の夢を叶えたい、と言う前に、過去の人が叶えてきた夢に乗っかっていることに感謝することから始めましょう。

部屋の電灯は業者さんが苦労して付けてくれたんだとか、安全に道を歩けるのは警察の人がしっかり守ってくれるからだとか……道路工事、水道水、ビルのトイレ、エレベーター、きれいな公園、街のありとあらゆるものを当たり前に見ないで、そこを使えるように整えてくれている人に感謝していると、感動が自然に高まってきます。

僕らにはできないことを、誰かが手間をかけて、やってくれている。このように、感動を高め続けていると、感謝の気持ちがあふれてきますよね。

何か恩返ししたい。何か社会に対して貢献したい。

この状態に入ることができればベスト。「ない」状態ではなく、あふれている状態です。欲しいのではなく逆に何かをあげたくなる。意識がemptyではなく、giveにチェンジします。

このとき、むなしさは、満たされていきます。

そもそものスタート、あなたはどちら?

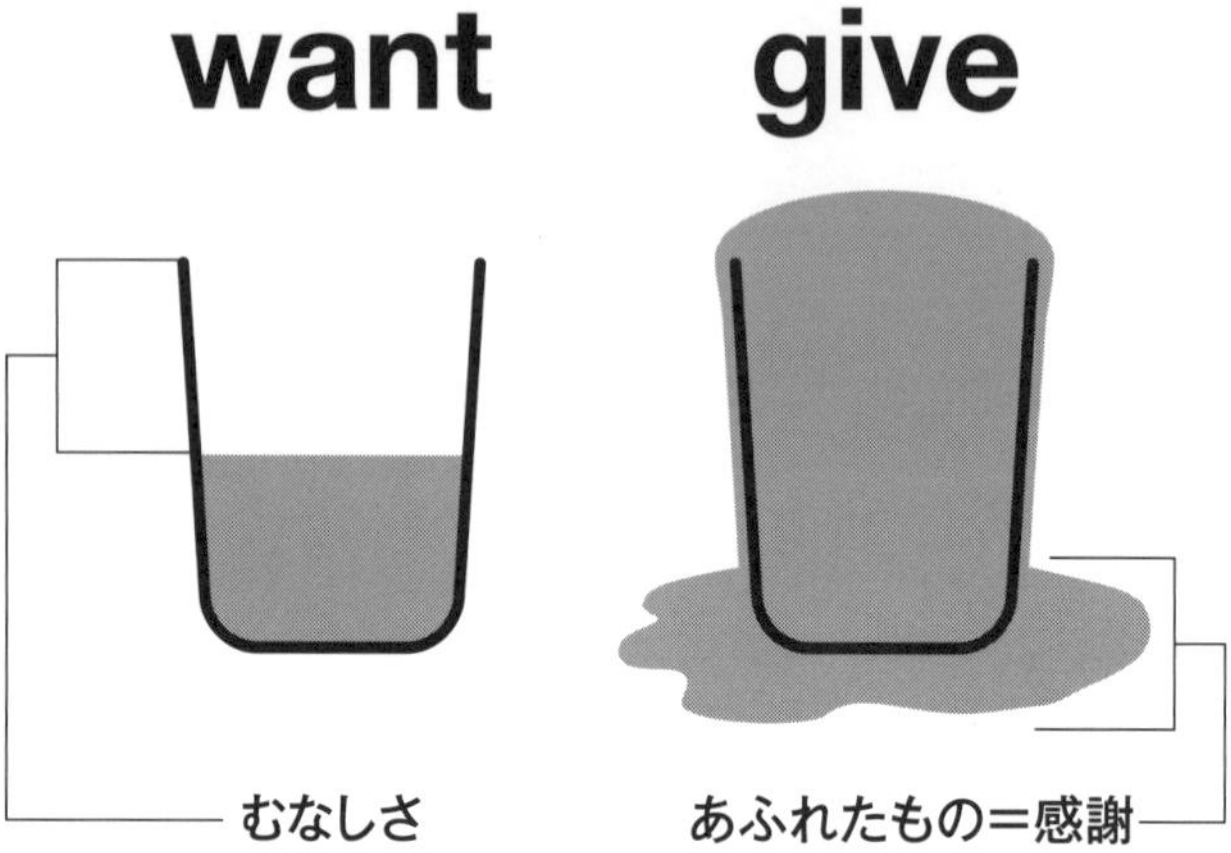

want と思うか give と思うか

欲しい、いま「ない」という状態のときは、意識のベクトルが want ですよね。空っぽか、ちょっとしか中身が入ってないコップのイメージだと、わかりやすいでしょう。

けれど、いま「ある」ものに感謝、感動を捧げていると、コップの水位は、満杯になっていきます。そしてあふれ出た分が、give というベクトルに変わります。このあふれ出た give が、社会貢献などポジティブな行動になっていくんですね。

同じベクトルでも、向かわせる方向が want と give では、まったく違います。

ベクトルが違うって、少しの差ですけど、すごいこと。

足していくことと、あふれ出すこと。スタートが正反対ですよね。それだけで人生の質は、ガラッと変わります。

want のコップは、幸福値を注いでも、「ない」状態は変わっていないので、いつまでも満たされません。注いでも注いでも、コップの水位は同じ。むしろ減っていったりします。

これがむなしさの正体だと、僕は思っています。

逆に give のコップは、あふれ出た分の幸福値を受け止めようと、溜めるコップはどんどん大きくなっていきます。大きくなって、また満たされて、貢献があふれ出る。容器が大きいから、貢献の度合いも増えていく。2乗、3乗に膨らんだポジティブの連鎖が、続いていきます。

まずベクトルを、スタートの時点で変えることが大切です。

足りないから始めるのか、先に満たされてから始めるのか。

スイッチを切り換えるぐらいのシンプルなことです。

有名な英語のフレーズで、“Half full or half empty?” というものがあります。「半分入っていますか？　それとも半分からっぽですか？」という意味です。

もとには “Is the glass half full or half empty?” という質問があります。「コップには半分

入っていますか？　それとも半分からっぽですか？」という問いかけです。「ある」のか「ない」のか、どっちに見るかで、その人が楽観主義者か悲観主義者かわかることを示したことわざです。

ポジティブな人、楽観的な人は、"Half full"「半分満たされている」「まだ半分も入っている」と考えます。ネガティブな人、悲観的な人は、"Half empty"、「半分からっぽである」「もう半分しか残っていない」と考えます。この考え方と、似ているかもしれません。

このフレーズが興味深いのは、楽観的であればいいと説いているわけではない点です。楽観的な人は、それはそれでいいのですが、半分ないのは事実なので、危険を察知する感性が鈍く、ピンチになったときにどうしようもないこともあります。

悲観的な人は逆に、危険のサインに敏感なので、対策を講じるのが上手という利点があります。

もののとらえ方、視点によって、活かす能力は違うということですね。

バランスの整え方に通じるフレーズだと思います。

虚実のバランス

「むなしい」と「満たされている」は表裏一体

むなしさは、英語ではemptyですよね。これって、仏教に置き換えると、ものすごくいい言葉なんです。「空《くう》であれ」という。

「むなしい」の漢字表記は、「空しい」と「虚しい」の二つ。やや抽象的な話になりますが、「空しい」のほうは、空っぽだけど、無限とも通じている。可能性や希望に満ちているわけです。

もう一つの「虚しい」に使われている「虚」とは、どういう意味でしょうか。英語では「·i」、imaginaryの·iです。

反対の言葉が、real。つまり虚しいとは、実体のあるものに対していいます。virtualなものというか、実体を伴っていません。

虚しいは、とらえ方次第。形がないのだから、どのようにも解釈できるし、ネガティブなものと決めてしまう理由はありません。

ブラックホールみたいなものかもしれませんね。宇宙には存在しているけど、実体のあるものとしては存在していない。不必要かというと、そうではない。

ややこしいですけど、量子力学の世界では当たり前の現象です。

虚と実、陰と陽、粒子と反粒子。対極の存在は、片方が現れたと同時に、必ずもう片方も生じます。

虚だけの世界はないし、実だけの世界もありません。すべては同時に生まれている。これは科学実験でも証明されています。

むなしさと、「real」は表裏一体ということです。光と影に置き換えるとわかりやすい。光あるところに影はある。どちらか一方を肯定することも、否定することも意味はありません。一緒なのですから。

さらに言えば、むなしさにも、満たされることにも、実体はありません。このことは、146ページで説明します。

たしかに、むなしさは辛い感情です。むなしくなりたくて、むなしくなっている人はいません。けれど、実は満たされている気持ちと一体になっているとしたらどうでしょう。繰り返しますが、**要はバランスの取り方**だと思います。むなしさを捨てて、満たされることばかり求めても、叶いません。そもそも科学の法則が崩れます。

むなしさをもちながら、満ちていく。そのちょうどいいバランスを探っていきましょう。

しなりながらバランスを取る

生きている限り、やっぱり幸福値が上がったり下がったりしますよね。心が満足だろうと何だろうと、お腹が減るときは減るし、眠いときは眠い。社会生活を続けていると、自然といろいろな情報が入ってくるので、他人との比較もしてしまいます。giveのコップを使っているつもりでも、気がついたら、ベクトルがwantになってしまうこともあると思います。

僕は、何が何でもgiveのコップの人生を目指してくださいと、言っているわけではありません。むなしさを否定しているわけでもないんです。

思考や行動で、その時々の幸福値を整えていくこと。

そして自分のむなしさが消える、ちょうどいいコップの容量のラインを、見つけていくのが最良ではないでしょうか。

あるものに感謝して、適度に憂え、むなしさをネガティブにとらえず、生きていく。難しいと思われるかもしれませんが、バランス感覚を整えれば誰でも可能です。

よく大人は、ブレるな、考えにしっかりした軸を持て、と言います。ブレがない生き方は、立派だと思いますが、ブレをなくす、と肩肘を張っていると、バランスは崩れやすくなります。ブレない生き方というより、僕は「しなる」生き方をおすすめします。

何が起きてもいろいろな形にしなり、余裕をもって身を任せていたほうが、ものごとはスムーズに進みます。「いま」を一生懸命生きようとするからです。先のことを考えて方向性を固めても、未来は思ったとおりにならないことが多い。理想を抱いてしまうと、未来が狭くなり、自分の可能性も狭めます。結果的に、しなるということは、視野を広げる、ということにもつながるでしょう。

書道においても、のびやかさが必要です。うまく書こう、失敗しないようにしようとすると、字も縮こまってしまいます。

心地よくバランスを整えるために、もっとみんな、しなやかになろうぜ！　と言いたいです。

期待しない。明確な目標をもたない

期待はせず、いまを楽しむ

むなしさを消す、割と簡単な方法は、期待をしないことです。

期待値ゼロの人生を送ってみましょう。

期待をするから、人は失望します。最初から期待値をゼロ設定していたら、失望も生じません。

期待をしない人生なんて、それこそむなしいんじゃないかと思われるかもしれません。

そうですね。期待しないで生きろというのは、ちょっと身も蓋もない言い方です。

けれど僕は、目的ややる気をなくそう、と言っているわけではありません。

人は期待すると、枯渇感を強くします。○○してほしい、という希望が明確なぶん、叶わなかったときは必ず失望を呼びこみます。力んでしまい、心から楽しむことができません。

明確な目標を持たず、ぼんやりと夢を描く。

夢を描くけど、それを忘れるくらい目の前のことを楽しむ。これがポイントです。

期待をせず、夢を忘れるくらい、いまだけに集中する。

何が起きても、事態がどうなろうと、気にしないこと。

それが虚と実の、最もバランスの取れる生き方ではないかと思います。

いまこの瞬間を味わいつくす。そうすれば、むなしさを感じるすきまはなくなります。

いまを一生懸命生きることは、いまさえよければいい、ということではありません。刹那的に生きることとは違います。刹那的に生きるということは、無謀だったり、どこかすねていて、現実から逃げるというような、後ろ向きの心があります。

いまを生きるということは、いま目の前にある人やものや事実のなかに、深い世界を見いだす力をつける、ということです。それはそのまま、感動力、感謝力につながります。

たとえば、千利休は、ただのお茶を飲む行為のなかから深い世界をあぶり出しました。書も、単なる紙の上に筆を走らせるシンプルな行為ですが、僕は動作そのものを深く味わい、そこに宇宙を感じる感性を養っています。

正しい幸せの求め方——明確な目標をもつのではなく、「ビジョン」を描こう

多くの人は、期待と失望を繰り返し、むなしさの感情に振り回されています。それは幸福感を生むメカニズムと関係しています。誰でも人生のアップダウンをグラフに描いてみると、期待の高い時期と、失望の多い時期と、いろんな上下がありますよね。そのグラフの上昇していく過程に、人は幸福感を感じるようになっています。また安堵感も伴う。むなしいとは感じていないでしょう。

けれど上昇しっぱなしは、ありえない。必ずグラフは失望に落ちるときがあるのに、その上昇の幸福感だけを求めて、期待を注ぎ続けています。**上昇していく人生を夢に設定している状態は、幸福感があるように思えますが、実はむなしさを生みやすくしています。**

それでは、正しい幸せの求め方とは何でしょうか？　まず、夢の設定方法に注意してください。

前に、アーティストが日本武道館をゴールにするのは、間違った目標設定と言いました。

このように**明確に目標を掲げるのではなく、「ビジョン」を描いてください。**

どういうことか。

たとえば僕は、感謝が充満している世界、みんなが無理せず「楽に」楽しんでいる世界を夢見ています。人類の感情の波形（起伏）を美しいものにしていきたい。

そんな大きな夢を描きながら、それを忘れるくらい、瞬間瞬間を楽しむ。出会う人、目の前の人を楽しませていく。楽をわかち合う。すると、夢はさらに広がっていきます。

本を出す、テレビに出る、賞を獲《と》るなどという明確な目標はありません。これらは、夢を叶えるためのツールであり、最終的な目標ではありません。アーティストが日本武道館を目指すことを否定はしませんが、一番の夢にしてしまうことに対してもったいないと感じます。

夢を描き、目の前のことを精一杯楽しんでいれば、いくつかの明確な目標は、その途中でいつのまにか達成されます。

「楽」に「楽」しむのが僕のモットー

むなしさを消してくれる脳内物質がある？

細く長く、のオキシトシン

ここで余談をひとつ。最近の脳科学の研究で、注目されている物質があります。オキシトシンです。

脳の下垂体後葉から分泌されるホルモンのひとつ。末梢組織、中枢神経での神経伝達物質として作用しています。もともと女性の分娩《ぶんべん》時の子宮収縮や、お乳の分泌を促すなどの働きを持つとされていましたが、最近の研究では男性にもオキシトシンは存在していて、有用に作用することが判明しました。

頭を撫《な》でられたり、セックスで抱擁しあったり、何らかの愛を伴った接触により、この脳内物質は分泌されるそうです。一般的には「癒やしホルモン」とか、「抱擁ホルモン」

などと呼ばれています。

僕はこのオキシトシンが、むなしさを心から消すのに役立つ物質なのではないかと思っています。

ドーパミンとは別のものですね。たしかに愛が高まるとドーパミンは一気に分泌されます。けれどドーパミンの作用は一時的で、短期間で消えてしまう。けれどオキシトシンの効用は、とても長く持続するそうです。

愛情を太く短く燃え上がらせるのが、ドーパミン。細く長く保つのがオキシトシンという分け方ができます。

ドーパミンは興奮系です。オキシトシンは鎮静系というか、深く静かに、長いこと作用していくイメージ。人と人の絆《きずな》をつくったり、信頼関係を築いたり、情が出たりするのは、このオキシトシンの作用によるものだそうです。

僕がいままで話してきたことは全部、オキシトシンが関係しているのかもしれません。ドーパミンではないのは明確です。

こんな実験がありました。オキシトシンを投与された既婚男性と独身男性の前に、美女を連れてきました。独身男性は喜んで近づいていくんですけど、既婚男性はあまり興味を示しませんでした。

独身男性はオキシトシンの効果で、セックスの歓《よろこ》びと安心感を求めて女性に近づきますが、既婚男性は絆ホルモンが高まり、新たな女性には関心が湧かず、妻のことを強く感じるのだそうです。

同じ物質でも作用の仕方が、まったく違うんですね。オキシトシンには、もともと人に備わっている愛情を、深めていく効果があるのでしょう。

ドーパミンも人の行動に大きく作用すると思いますが、力の強さは一時的で、振り回されるイメージがありますね。喜怒哀楽の激しい人は、ドーパミンがたくさん出ている感じがします。

アスリートは、きっとドーパミンを大量に分泌しています。だけど安定して好成績を残している、超一流クラスの選手が分泌しているのは、オキシトシンではないでしょうか。

感謝を述べたり、貢献しようという気持ちのときも、オキシトシンが出ていると思います。

たとえばいまこうして、本を書いている間も、そうですね。スタッフみんなの絆を、深く感じている。

僕には伝えたいメッセージが、たくさんあります。でもひとりでは限界があります。僕の家族や事務所の仲間、生徒さん、出版社の編集さん、ライターさん、営業の人、印刷所の方……本当にたくさんの人の助けを借りて、こうして本をまとめています。その工程にワクワクしっぱなし。僕ができないことをサポートしてくれる、心強い仲間たちといることに、感謝しています。

その喜びは、ドーパミンじゃないです。**パッと消えるんじゃなくて、ずっとワクワクが続いていく感じ。**このワクワクは、オキシトシンの作用かもしれません。

ドーパミンで突っ走るとむなしくなる？

つかみ系の人たちに出てる脳内物質はおそらくドーパミンなのでしょう。頑張ったり、ライバルと戦ったりするときの興奮は、ドーパミンの効用。一時的には、いいでしょう。だけど、長くはもたないような気もします。

オキシトシンのほうは、短期的にはドーパミンほど強い効果はないけれど、エネルギーを安定して長く続けて出していられるのではないかと、考えています。

武術のカリスマの人や身体を使ってその道を極めた達人の思考に根ざしているのは、オキシトシンだと思います。

松井秀喜の『不動心』しかり、長谷部誠の『心を整える。』しかり。あのレベルの選手が一様に、瞬間的にわき上がるパワーではなく、持続的に効果のある精神的なパワーの大切さを説いているのは、注目すべきところでしょう。

ある欧州のサッカーチームで20年、選手の整体師をつとめられている方の話を聞きました。トップの選手ほど、勝っても負けてもいつも精神状態が安定しているそうです。

やはり超一流をキープしている人の主な脳内分泌ホルモンは、オキシトシンなんだろうと思います。

だからといってドーパミンがダメで、オキシトシンが優れているというわけではありません。

状況によっては絶対、ドーパミンのほうが強い。たとえば短期集中の勉強が必要な受験とか、陸上競技の決勝戦などは、ドーパミンが出ないといけない。僕も何かで競争しないといけない場面があったら、ドーパミンで勝負します。

ただ、出しきった後のむなしさは、すごいような気がする。ドーパミンに頼っていたら、心の疲労度は大きいかもしれません。

やはりホルモンも自律神経と同じでバランスが大切。

オキシトシンの分泌調節のメカニズムは、まだ不明なことが多いそうです。むなしさとの関連性を検証していくためにも、これからの研究が進んでいくのを期待します。

第2章
むなしさいろいろ

つかみ系の人は自分のむなしさに気付かない？

「絶対にやらなくちゃいけない」のなかに二つのNGワード

むなしさを感じる瞬間のひとつは、多忙なときです。

たとえば、多忙な会社員は「絶対にやらなくちゃいけない」ことに囲まれています。出さなくちゃいけない書類が多い、締め切りが多い、雑務が減らない……など追いたてられるように仕事している。それはそれで、仕事人としては恵まれた環境にあると言えます。

忙しいと、むなしさを感じているヒマはないでしょう。けれどある日ふと、何でこんなに忙しいんだ……？　とか、頑張ることに意味があるのか……？　と、むなしさに襲われることがあるようです。

なぜでしょうか。「絶対にやらなくちゃいけない」という言葉を解いていけば、わかります。

ここには「絶対」と「いけない」がありますよね。強烈な「許さない感」に満ちている。そんな単語が二つも重なっています。

むなしさは、言葉が誘因するものでもあります。

義務の押しつけが厳しい言葉は、人のモチベーションを下げます。モチベーションの低い言葉ばかり出てくる環境にいて、むなしくならないほうが、おかしい。

何々しなくちゃいけない。この言い方は意識的に控えましょう。

何々しなくちゃいけない＝「やりたくない」ことなのです。

たとえば、大好きなアーティストのライブに行くのに、「行かなくちゃいけない」とは言いませんよね。「行きたい！」と口にするはず。

「絶対にやらなくちゃいけない」のは、「やらされている感」があふれています。強烈な義務とプレッシャーでいっぱいです。

「絶対にやらなくちゃいけない」ことだらけという人は、囲まれている環境を、自分からわざわざ嫌なものに変えています。むなしさが生じるのは当然です。

期待するからむなしくなる

仕事は「絶対にやらなくちゃいけない」ものだから、仕方ないじゃないかという意見もあるでしょう。

僕にとっても、お引き受けした書の仕事や講演会は「絶対にやらなくちゃいけない」ものかもしれません。

だけど、僕は基本的に、仕事に対して「○○しなくてはいけない」という気負いはありません。ただ目の前のことを精一杯楽しむだけ。

常に何かしらの締め切りを抱えていますが、苦ではありません。そもそも「締め切り」という言葉自体、よくないですよね。締めて切るなんて。響きが怖いです。「わくわくフィニッシュ」に、呼び方を変えてほしい。そうするとたくさん抱えていても、何か嬉《うれ》しくなりますよね。

時間のやりくり上手というわけではなく、仕事をしている瞬間より先の未来に関心がないということですね。だから時間が足りないという、不安そのものから解放されています。

僕の人生は、忙しくならない人生だと言い切れます。

「絶対にやらなくちゃいけない」ことを抱えている人とは、メソッドが逆なのです。

ゆとりのコントロールというか、忙しくなる雰囲気を寄せつけない。忙しくなりそうだったら、きちんとNOと断るスキルを身につけています。

「絶対にやらなくちゃいけない」ことだらけの人のむなしさの原因は、その人のキャパシティではなく、期待値の問題ではないでしょうか。

目の前の仕事の山を片づければ、いいことがある。誰かに褒めてもらえる。お金がもらえる。目の前の仕事ではなく、その向こう側に何かがあるという期待に、意識が向いています。未来志向の考え方ですね。

そうなると陥りやすいのが、足りないもの探しです。

時間が足りない、人手が足りない、予算が足りない……いろいろ理由を見つけて、期待を叶えられないかもしれない不安が生じてくる。これが、むなしさに変わります。

フランス映画『アメリカの夜』をご存じでしょうか。フランソワ・トリュフォー監督の自伝的な作品です。

作中、監督は「映画をつくる前は、夢にあふれて、あれもやりたい、これもやりたいと胸躍らせている。でもつくり始めると、大変なことばかりで、終わらせることしか考えてない」と言います。多忙な人の、むなしさを表していますね。

映画監督が、大好きな映画づくりを、その最中にやめたくなるなんて不思議ですね。会社員にも当てはまります。自分がやりたくて就いた仕事なのに、忙しくなればなるほど、目先のことに追われて、本来の夢と仕事のありがたさを忘れてしまう。

すべて、期待値が原因です。

仕事への期待値が高いと、忙しくなるごとにむなしくなるという変な法則を、僕は見つけました。

期待は、いいことです。期待をするから頑張れるという意見もあるでしょう。けれど**期待するぶんだけ、足りないもの探しをしやすくなる法則がある**ことも、覚えておいてください。

忙しくならないためには

そもそも「忙」しいの単語自体、むなしいですよね。**心を亡くす**と書きます。仕事が忙しいというのは、心を亡くしている状態。ポジティブな表現とは言えません。

忙しさの中にあるむなしさは、まやかしです。思いこみに近い。

時間やお金や人手が足りない、と言っても、じゃああと1カ月あれば満足、あと100

万円と数十人のお手伝いがいれば、安心できるでしょうか？　それでも足りないと言うでしょう。

忙しいときこそないものを足していくのではなく、「充分にある」という、先に満足するメソッドが大切になります。

Ｆ１レーサーは、時速３００キロのスピードの車を操って、順位を競っています。ものすごい忙しさですよね。でも一流のレーサーほど、思考はゆったりとしてます。あくせくしてないし焦りもない。逆に、ゆとりがなければ危険なのです。判断を間違って、失速したり最悪は事故を引き起こしたりします。時速３００キロという、ぎゅうぎゅうの忙しい環境のなかでは、反対にゆとりを持っていないと命を危険にさらしかねないのです。

「心」を「亡」くすと書いて「忙」しい

　プロ野球の一流のバッターもそうですよね。押し潰されそうな緊張感とプレッシャーに見舞われているはずなのに、肩の力がぬけて、ゆとりあるフォームでポーンとヒットを打ちます。

忙しくてゆとりがない、という人はF1レーサーやプロ野球のバッターよりも、ゆとりがないというのでしょうか？　足りないものが満たされれば、彼らよりいい仕事ができるというのでしょうか？　そんなことはないでしょう。

もうひとつ、忙しくて、むなしさが生じる人のパターンに挙げられるのは、先ほども述べた、**足りないもの探し**です。あれがないから、これがないからできない。いろんな足りないものを、わざわざ探してきます。できない理由があるところで、頑張らされている環境が、むなしくなってくるという。できない理由を持ってきて、自分でむなしさをつくりだしてしまっています。

仕事がむなしくない人は、できる理由ばかりを集めています。できるんだから、やる。できる理由しかないから、やってみる。足りないマインドがないから、多少無理っぽくても、できてしまうんですね。

「できるからやる」「やるからできる」というプラススパイラルに入ることができます。

そうなるためのコツは、仕事への期待値をゼロにすることです。期待値をかけてしまうと、足りないものが見えてきてしまいます。

期待値がなくなっていくと、むなしさの生じる場面は、回避できるようになります。たとえば1時間後に100枚の書類をまとめて出すとかは、できない作業ですよね。できる理由が、最初から設定されていない。そういう仕事は、引き受けないという毅然とした判断ができるようになります。

できない環境を意識的に遠ざけて、できる理由ばかりの環境に整えていく。

実践法というよりマインドの話ですが、忙しさで生じるむなしさを解消する、効果的な方法です。

競争で勝つことに意味はない

名誉は一瞬で消える

生まれながらにして、自分の価値に変動はないことを知りましょう。

活躍しようがしまいが、人から賞賛されようがされまいが、人間の価値に差はほとんどありません。これが本質。

もともと人間には、命という絶対的に平等な価値があります。分子レベルで見れば、さらに差はない。社会的にどれほど評価されようと、大きく引いて観察すれば、人類全員、価値に上下はありません。

「いまの自分には何の価値もない」とか、「何者でもなくて悔しい」と思うのは無意味。何者かになれば、**たとえば、有名人になったり、仕事の実績を上げれば幸せになれる、と**

いうのは幻想です。

いまの社会には、そういう幻想がはびこりすぎているのではないかと思います。

山の上には何か幸せがあるんじゃないかという幻想。たしかに山頂でしか見えない、特別な景色はあります。だけどその景色を見たとして、幸福感は、ほとんど一瞬。山頂では、そこは当たり前の風景ですから。あなたがそこにいようといまいと関係ない。たどり着いた喜びは、そんなに長く続かないでしょう。

目標を達成する感動は、とても短い。そこまでを耐えてきた苦しさに比べて、拍子抜けするほどです。

その事実を知っているのは、実際に頂点まで昇りつめた人たちです。

オリンピックの金メダリストや、世界的コンクールでナンバーワンを獲《と》った方と、しばしば対談させてもらいます。「最高の瞬間はいつですか？」と聞くと、だいたい「表彰台の後にインタビューを受けているとき」だそうです。喜びのピークがもつのは、その間の数分ぐらい。あとはもう、醒めていくだけだと言われました。

1位になった喜びはあるけれど、嬉しさは、すぐ消える。そしてまたトレーニングを再開するか、もしくは引退するかで悩む、辛い時間になっていくそうです。

アスリートの方の多くは思考のデフォルト値が金メダルをもって「ない」状態なので、

仕方ないことかもしれません。金メダルを得たピークの感動はあっても、初期の設定値が変わってないと、また「ない」ところに戻るだけ。それがアスリートの生き方だとも言えるので、否定はできません。

けれど、いちばん欲しいものを得たのに、その喜びは本当に一瞬で、あとはずーっと苦しいというのは、むなしいのではないでしょうか。

サラリーマンも似たところがありますよね。営業成績でトップを取ったとか、社内で一番の年収を稼いでいるなど、最も高い評価をされたからといって、嬉しいのは短い間だけ。そのうち必ず、別の一番の人が現れます。トップに立った満足感が何年もずーっと続くということは、ないでしょう。

世間の評価は得ても得なくても、あなたの本当の価値につながりません。

もしあなたが名声を得たら、世間はその名声ありきであなたを見ます。時間が経って名声が忘れられると、あなたの存在も忘れられます。

金メダルを獲れるような才能のアスリートでも、むなしさを消す方法は、究極的にはないんです。

けれど、むなしさを大きく減らす方法はあります。

世間の評価を気にせず、ぜんぶ満たされていることを、知ること。

何があっても、すでに自分は満たされている。その実感を持ちましょう。

満たされている状態をデフォルト値にする

これはアスリートだけではなく、一般の人にも応用できます。満たされている状態が、「デフォルト値」になれば、むなしさは現れません。

僕のいうデフォルト値とは、油断すると引き戻される場所を指します。別の言い方をすると、ホームベースのこと。ホームベースが満たされている人は、何か辛いことがあっても、満たされている最初の地点に戻るだけなので、絶対的に強い。いつも安心感に包まれています。

でもホームベースがむなしいと、どんなに努力しても何を獲得しても、いつかむなしさに戻ってしまう。

100点満点の正解が欲しくて頑張っているという人は、「100点以下の自分」がデフォルト値になっている場合がほとんど。95点でも充分に高い点なのに、満たされず、100点を追い続けます。100点を何とか取ったとしてもデフォルト値が変わっていないから、「100点以下の自分」から逃げるように、また100点を目指していくことになる。これは、終わりのない、つかみ系の挑戦の繰り返しです。

ダイエットのリバウンドの構造も同じです。

デフォルト値が「太っている私」だと、いくら痩せても、また太る。リバウンドとは実は、贅《ぜい》肉《にく》が再び増えるのではなく、もとの初期値の量に戻っていこうとしているだけなんですね。

むなしさも、リバウンドします。

最初がむなしいと、満たされた瞬間があっても、必ずそこに引き戻されます。

たとえば、子どもがいない人は「子どもさえいれば幸せになれる」、独身の人は「パートナーさえいれば幸せになれる」と考えるとします。これはデフォルト値の設定ミスです。

もちろん得ることで叶う、ひとつの正解はあります。けれど、いまは不幸で何かを手に入れれば幸せになる、その二元論思考だと、デフォルト値に引き戻される作用が生じます。

これは物理法則です。物事は常に、心の底で思っている状態に戻ろうとする性質があります。

たとえば素敵なパートナーにやっと出逢ったのに、相手の浮気や借金で辛い目に遭って、こんなはずじゃなかった……とボロボロになって、また別の人を探す努力を繰り返す人がいます。そういう人はデフォルト値が、「いい人と出逢えば幸せになれる私」に設定されています。これだとデフォルト値が、いい人に出逢えていない私は不幸だと設定されているのと同じですね。結局、そこへのリバウンドを繰り返す。

もし「出逢いがあってもなくても幸せ」にデフォルト値が合っていたら、辛いリバウンドはしません。

まずホームベース、はじまりを満たされている状態に設定してください。

「ない」のが初期値のままでは、何を足しても、「ない」ところに戻っていくだけの人生が続いていきます。

誤解されてはいけませんが、僕はアスリートが頑張っている、つかみ系の競争社会を、ダメだと言っているわけではありません。

競争心は、人に備わっているものです。四足歩行だった時代から、身を守り、子孫を残していくために、競争をしていました。

また、精子の段階から、ものすごい競争に投げ出されています。何億匹の精子のなかから、赤ちゃんになれるのは1位の精子だけ。言うまでもありませんが、いまこの世にいる人はみんな、大変な倍率の競争の勝利者なのです。勝利者は、観客にも喜びと興奮を与えます。

競争遺伝子は、人の本能。むなしさ同様、消せるものではありません。

けれど競争で勝ちきらなくても、バランスよく、充分に満たされる、むなしくならない生き方はあります。

なぜ名誉を得てもむなしいのか

戦国武将も死ぬまでむなしかった

むなしさを軽くするには、般若心経《はんにゃしんぎょう》も効果的です。

般若心経は、人によってとらえ方はさまざまですが、僕なりの解釈があります。何もかもが、無。何もないという概念さえも、ない。ないと言っている自分もない。徹底して、無こそが本質であると説いています。「とらわれない心」を強調しているように思えます。

般若心経の世界にならうなら、むなしさも、実は存在しないと言えます。

むなしい感情にとらわれて苦しいときは、般若心経を読むか、そらんじてみましょう。

簡単に意味をかみ砕くことはできないでしょうけれど、気が楽になります。

歴史上の多くの武将も、般若心経を信奉していました。政治の駆け引きや、血なまぐさい戦いの日々に疲れきっていた彼らの救いになっていたのです。

武将で思い出しましたが、僕は以前、『武田双雲　戦国武将を書く――天地人 OFFICIAL BOOK』という本を出しました。戦国武将たちの辞世の句を、書にまとめた作品集です。興味ぶかいことに、優れた武将の半分くらいは、むなしい気持ちを書いているんですね。辞世の句は、死ぬ前の言葉なので、戦いは終わっています。悩みや苦しみから解放されている段階のはずなのに、高い確率でむなしいと言い残しています。

上杉謙信は「死なんと戦えば生き、生きんと戦えば必ず死するものなり。」

徳川家康は「嬉しやと、ふたたびさめて、一眠り。浮世の夢は、暁の空。」

有名な豊臣秀吉の辞世の句は「露と落ち、露と消えにし、我が身かな。浪速《なにわ》のことも、夢のまた夢。」とあります。

いずれも松尾芭蕉の名句「夏草や兵《つわもの》どもが夢の跡」の心境に通じますね。

戦国時代を勝ち抜き、歴史に永く残るたくさんの功績を残していながら、人生は何だったんだろう？　とか、何もかも儚《はかな》いとか、武将らしからぬ感傷的な内容が目立ちます。

栄華を極めたのに、むなしさがいっぱいです。

人気者が感じるむなしさ

このようなむなしさをEXILE　ATSUSHIさんの自伝エッセイ『天音。』の冒頭部分を読んだときも感じました。

あるライブが終わったとき、たくさん押しかけてきたファンによる混雑を避けるために、ATSUSHIさんと他のメンバーは、ファンの人たちより先に宿泊ホテルに帰ってしまう。そして部屋でひとり、恐ろしいほどの虚無感を抱きます。ほんの5分前まで、神様のような存在で、大歓声のなかで歌っていたのに、急に元の人間に戻ってしまった。そのギャップに、居ても立ってもいられないくらい心細くなるのです。

思わず部屋を出ると、EXILEの他のメンバーもまったく同じように、むなしさに耐えられなくて、ドアから飛び出てきたそうです。

そこでATSUSHIさんはメンバー同士だけで、たわいもない話をして何とか気を静める……というエピソードです。

スターの虚無感を、よく表しています。むなしさに耐えられずドアを思わず開けるという描写が、すごく強烈。普通の人は、そこまで大きなむなしさを感じることはないでしょう。
ATSUSHIさんは人気歌手で、多くのファンもいます。でも、ライブの後に、ひとりでいるのが耐えられないほどのむなしさに、苦しんでいる。そのギャップが、強く印象に残りました。

『天音。』を読むとATSUSHIさんは本当に誠実で、人の助けになるために、歌を歌っている人だとわかります。すごく優しい。でも優しいぶん、むなしさも大きく膨らんでいるだろうなと思います。

活躍している自分と、ひとりになったときの自分とのギャップに、耐えられない。これはスターと呼ばれる人の多くがよく抱えているむなしさです。

アーティストの方が、人気が出てスターと呼ばれるようになったとしますよね。好きな歌を歌って、人にも喜んでもらえる。やりたいことをすべてやれているはずなのに、どうしてむなしさが生じるのか？　前にも述べたように、むなしさが生じやすい仕事だというのもありますが、本当はやりたいことができていないという現実も関係しています。

ショービジネスは、活躍すればするほど、好きなことだけをできる環境ではなくなっていきます。ステージに上がれば何でも自由にできると誤解されがちですが、逆です。ノーと言える場面が、減っていきます。

出たくないテレビにも出なくてはいけないし、無理なスケジュールで歌を作らないといけない。会いたくない人にも笑顔で対応しなければいけない。自分らしくない、意に沿わないことを、淡々とこなすことが求められる。売れたら売れたぶんだけ関係者や支えてくれる人が増えます。周りのスタッフの生活のためにも自分を押し殺す、それがスターの役割のひとつになっていきます。不自由ですよね。

ファンの期待に応えすぎてしまう苦しみもあります。感性の合う少数の人たちを楽しませているうちはいいのですが、何万人もの人たちの求めに応じていくと、売れることが優先される。自分の喜びより、他人の喜びのために努める。それはとても素晴らしいことではありますが、売れるという目的のために、自分のやりたい曲ではない方向に、どんどんずれていくと、「こんなはずじゃなかった」というむなしさが生じます。活躍すればするほど、それは大きくなる。

売れればお金もパワーも増えていきます。でも、やりたくないことも一緒に増えていきます。

このメカニズムは、会社員にも通じますね。平社員のうちは意見が通らず、仕事においては不自由ですが、昇進したら少しは自由が利くようになると、普通は思います。でも昇進したからといって、やりたいことをやれるとは限りません。課長になったら課長の、部長になったら部長のしがらみにとらわれていきます。平社員時代にはなかった不自由さが、どんどん出てきます。

昇進すればするほど、自由になれるとしたら、社長が一番楽であるはずですよね。だけど世の中を見渡してみると、楽をしている社長なんて、ほぼいません。楽どころか会社のなかの誰より、不自由に見える。自分のやりたいことがやれないと、苦しんでいる社長ばかりです。

得たい地位を得ているのと引き替えに、むなしさは膨らむ。これは、つかみ系の真実です。

夢は儚い

戦国武将の辞世の句の話を続けます。

織田信長は「人間五十年、下天の内を比ぶれば、夢幻のごとくなり」と残したと言われます。これは室町時代に流行した幸若舞《こうわかまい》の『敦盛《あつもり》』の一節です。軍記物語を引いた内容で、戦国武将たちに愛されました。

夢幻のごとく、というのは家康や秀吉の辞世の句とも重なります。人間の時間など、儚いもの。宇宙の時間はあまりにも大きく、人が成し遂げたことなどは、何でもないんだという達観が、見てとれます。

武将が最期に「儚い」を好んで使うのは、面白いですね。

「儚い」は、にんべんに、夢。人が夢を持つことの本質を表しています。夢を持つのは、素晴らしいことです。だけど同時に、儚くもある。

人は夢にフォーカスすると、期待をもちますね。そのとき、いま「ない」デフォルト値が生まれます。すると、むなしさが起きやすくなる。

夢とむなしさは、背中合わせです。

人は夢をもった時点で、儚さ、むなしさが、すでに生じていることを知りましょう。

夢は叶わないかもしれない。努力は報われないのかもしれない。でも努力はしなくちゃ

「人」の「夢」は「儚」い

いけないんだという、むなしさを自覚してください。

いまこの瞬間にフォーカスして、毎日を積み重ねるのを大切にします。

あえて言うなら、毎日を幸せで充実したものにすることが、最大の夢です。

僕はだいぶ前から、夢をもつ生き方のパラドックスを変えました。夢を未来ではなく、今日にもっていくこと。

儚い、と嘆いていくのも人生ですが、最期に「満たされていた」「楽しかった」と辞世の句を結ぶほうが、幸せじゃないかと思います。

100万部売れても1億人には届いていない

僕の提案するむなしさの話は、刺さる人にはぐっと刺さるでしょうし、刺さらない人にはまったく刺さらないかもしれません。つかみ系の人生を信じて、結果を出すことに邁進《まいしん》している人には、入っていかないと思います。忙しさでむなしさをバランスよく調律できているのだとしたら、それはそれで有意義ですし、難しいところです。

それでも、いいだろうなと。変な言い方ですが、僕はこの本で語るむなしさの正体を、何百万人もの人と共有したいと考えているわけではありません。

結果的にそうなることは歓迎ですが、大勢の人に共感できるものを伝えよう、という発想とは少し違います。むなしさの正体を100万人に伝えよう、そうやって動きだすと、逆にむなしさを生みだすような気がします。

100万部売れようが、200万部売れようが、ワクワクしません。売り上げの数字は、僕にとっては興味がない。

日本人は1億人以上いるんです。ミリオンヒットでも1億人以上の人には、届いていないんですから。宇宙からの視点で見れば、あんまり売れていないのと同じこと。マーケティングビジネスで、数字を目標値に掲げることに意味がないのは、そういうことです。

100万部を目指すとか、具体的な数字にこだわっても仕方ない。僕は、**数字で何かを達成する考え方を、最初から捨てています。**

大勢の人に向けて発信することを本来の目的にしてしまうと、結果的に何も満たされません。

たとえばブロガーが、最初は1日1万アクセスされるのを目標にして、頑張って更新している。やがて1万が達成されると、他の人気のブロガーが気になってきます。10万アクセスとか、100万アクセスあるブロガーも、けっこういます。最初は1万が途方もない数字だったのに、いざ達成すると100万のほうが段然よく見えてきて、自分は全然足りない……と、むなしくなってきます。

目的を達成するために努力するのは、基本的にはいいことです。それによって人は成長します。気付きも学びも得られます。達成できない悔しさをバネにして、伸びていく人もたくさんいます。数字が求められるスポーツの勝負や、ビジネスでは必要な面もあるでしょう。

しかし数字の達成を追う、つかみ系の人生は、むなしさを生みやすいのです。

武田双雲はその道を行きません。それだけが正解ではないですよ、という提案をしていきたいです。

むなしさにとらわれない、でも決して否定しない。

ちょうどいいバランスで向かい合っていく方法を、僕なりに実践しつつ、皆さんと共有していこうと思います。

外的要因に影響されると燃え尽き症候群になりやすい

満たされていると緊張もしない

むなしさに襲われるメジャーな症状は、燃え尽き症候群です。

学生時代に文化祭や体育祭が終わった後、むなしくなったことはありませんか？　その日のために、いろんな準備や努力をして、当日は友だちと盛り上がって、楽しんで過ごします。けれど終わってしまったら、気が抜けたようにボーッとして、何もやる気が起きない。そんな経験があると思います。

受験や結婚でも、燃え尽き症候群になり得ます。希望の大学に入った、理想の相手を見つけて結婚式を挙げた。望んでいたものを手にしたはずなのに、急にむなしくなってくる。スポーツにもあります。目指していた入賞を叶えてしまったら、どうにもやるせない気持ちになる。たとえば日韓ワールドカップが終わった直後、ベスト4入りを果たした韓国のサッカーファンが、腑抜けたようになってしまい、ワールドカップロスとでも言うような症状が蔓延して社会問題になりました。

みんな、燃え尽き症候群です。

つかみ系の、典型的な反作用だと言えます。

おそらく2020年のオリンピック後も、日本全体をむなしさが覆うでしょう。

欲しいもの、目標、夢が明確であればあるほど、具体的な努力はできるし、追っている間の高揚感もあります。でも、いったん叶ってしまえば、「つかむ」ものがなくなってしまい、不安に襲われます。

未来志向の生き方、つかみ系の陥りがちな、むなしさのひとつです。

つかみ系は、目標達成の瞬間に満たされるすべてがあると思いこんでいます。何度も言いますが、幻想です。目標達成のラインに充実はありません。

達成が過ぎた瞬間、むなしさが生じて、それを埋めるためには、また別の達成を求めるようになります。

つかみ系は、何かを達成したら、また次の達成が欲しくなるという性質があります。燃え尽き感をなくすために、また燃え尽きを目指していかなくてはいけないという循環に入ってしまいがちです。先に紹介した、がんが治った女性も、燃え尽き症候群に当てはまります。

達成をいつまでも追い続ける人生。苦しいとは思うのですが、そこには一定の喜びも、充実感もあるというのが難しいところです。

僕はよく仕事で、アーティストの方とコラボレーションします。彼らはライブのステージで、すべてを吐き出そうとします。そのための準備と努力に、大変な労力と時間とお金をかけています。実際、彼らは舞台でパワーを出しきって、燃え尽きます。

たくさんのお客さんを楽しませて、ライブの後はまさに抜け殻状態。少しだけ休み、また次のライブの準備を始めていきます。その繰り返し。燃え尽き症候群を、燃え尽き症候群で塗り重ねていっているような状態です。

それはそれで達成感も興奮も得られるので、素晴らしいことではあります。しかし「燃え尽きを延々繰り返す」むなしさからは、逃れられないでしょう。

僕はよくアーティストの方に、「双雲さんもパフォーマンスの後は燃え尽きませんか？」と聞かれます。答えは「ぜんぜん」。力を出し切って抜け殻になったり、やり終えた後のむなしさで悩んだりはしません。

つかみ系とは一切接点のない人生なので、燃え尽き症候群のむなしさに襲われることはありません。そう答えると「燃え尽きないのに、全力のパフォーマンスをやりきる方法があるんですか?」と驚かれます。

難しいことではありません。前に述べたとおり、仕事に期待値をかけない、分散的に生きる、「ビジョン」を描くなど、いくつか実践法はあります。

あともうひとつ、僕の場合は、「準備を万全にしすぎない」のです。期待値ゼロの生き方の応用ですね。

僕は仕事において、イメージを膨らませることはありますが、パフォーマンスの細かいところまで準備したことは一度もありません。

正しく説明するならば、**生活の全部が準備で、全部が本番なのです。**

起きてから寝るまで、いつでも創作を発動できる状態だから、いつ書けと言われても、対応できます。道具がなかったら手で直接、書きます。墨がなければ、その辺の水で書くでしょう。

本番と練習の区別がないというか、準備をきっちりすることに、そこまでこだわらないのです。

ここに行きたいという目標も完成形もありません。

だから、ゴールの向こうで燃え尽きる状態に陥るはずがないんですね。

ある瞬間に向けて、気を張っているわけではなく、気がちょうどいい状態をキープしています。宇宙のエネルギーが、一定に、ずっと回っているイメージです。

このイメージで仕事に対していれば、どの段階に入ろうと、むなしさには行き着きません。緊張もしません。

書道教室の生徒さんに、「双雲先生はどうして緊張しないんですか？」と聞かれました。たしかに僕は、どんな大きな舞台でのパフォーマンスも、緊張で身が固くなることはありません。「見ている人が多いと緊張する」ということもありません。

普通の人はひとりで書を書くときより、家族や友だちが見ている前で書くと、緊張します。僕の場合は1000人、多いときは1万人、テレビでのパフォーマンスだったら何百万人という人が見ているなかで、書を書く場面があります。それでもまったく緊張しない。なぜなんですか？　と、不思議がられます。

逆に言うと、見ている人数によって緊張度が変わる意味が、僕にはわかりません。何人目から緊張するとか、人数の境目があるでしょうか？

準備をきっちりしすぎないモードをキープして、気がうまく循環していれば、誰が何人見ていようと、そこで書くものには、何の影響もないのです。

僕は、見ている人の輪にも、社会的地位にも、こだわりません。その辺のおばちゃんでも、ノーベル賞の受賞者でも、アメリカ大統領でも、書くときの精神状態には何にも影響されません。

燃え尽き症候群の仕組み

前にも述べましたが、燃え尽き症候群は、つかみ系の反作用です。

つかみ系は、目標以外に欲しいもの、満たされるものはないと思いこみがち。たとえばアーティストにとって「最高の舞台で全力のライブをする」のは、目標であり、素晴らしい幸せでしょう。けれど同時に、意識の上で「最高ではなく全力も尽くせないライブ」をするかもしれない、ネガティブな設定もされています。

失敗を避けるために、準備を全力で整えます。準備は大事ではありますが、「最高の舞台で全力のライブをする」目標と一緒に、「最高ではなく全力も尽くせないライブ」を回避するのが目標になっている。だからライブの後は、最高が達成できた喜びも大きいですが、最低を避けられた安堵感にも包まれます。

これは学生やビジネスマンにも当てはまります。目標を達成した、求められた数字を出せたときは心からホッとしますが、同時に「失敗しなくてよかった」という解放感が、あるのではないでしょうか。

燃え尽き症候群は最高の目標をクリアした反動というより、最悪の事態を回避できた安堵から、生じているものかもしれません。目標が高くて、困難なものであればなおさらでしょう。

未来志向、つかみ系のメソッドの罠が、ここにあります。

高い目標を設定して、追いかけているのは高揚感がありますが、目標が達成されなかった場合の恐怖や緊張感も、無意識に抱えています。

それは結果を求めれば求めるほど、膨らみます。結果を得られた後に、恐怖や緊張感はなくなるかもしれませんが、高い目標を追っていたのではなく、恐怖から逃げていたんじゃないか、という強いむなしさが現れてきます。

これが、燃え尽き症候群の仕組みです。

頑張って目標を達成したのに、むなしさからは逃れられない。堂々巡りのようで、厄介ですね。

なかには結果を追っているときのプレッシャーが快感だ、という人もいます。プレッシャーを糧に頑張れるというなら、それもいいと思います。けれどいきすぎると、結果を出すより、燃え尽きるのが目的という、よくわからない状態になりがちです。

誰だって目標を達成したい、夢を叶えたいですよね。そして燃え尽き症候群にも、なりたくないはず。

燃え尽き症候群をできるだけ遠ざけるためにも、目標達成にこだわらず、「ビジョン」を描くことを習慣づけることをおすすめします。

トラウマにとらわれるむなしさ

溺れるのが怖いなら、あえて何度でもプールに入ってみる

むなしさとの向き合い方について、こんな話をしましょう。

プールで泳いでいて、足が攣《つ》り、溺れたとしますよね。すると心に、泳ぐことへの恐怖心が生まれます。そこで恐怖心を克服するために再び泳ごうとする人と、もう二度とプールでは泳がないという人がいます。

泳がない選択肢を取った人は、いいんです。プールに未練がなければ、それはそれでいい。しかしプールに未練があって、泳ぐのをやめてしまう場合は、問題です。泳ぎたいのに泳げない、ジレンマに苦しむことになります。

戦力外通告を受けたプロ野球選手や、リストラ宣告されたサラリーマン、意思が通わな

いまま離婚した夫婦などが、このたとえに当てはまるでしょう。

やめてしまった、またはやめざるを得なかった環境に対する未練、それがむなしさとなります。

本当にプールに未練も思い入れもない場合は、むなしくありません。けれど心の底ではプールで泳ぎたいけど、溺れるのが怖いから、もうプールには入れない。これはむなしいですよね。やりたいのに、やれない。

バツイチの人がまた結婚して楽しい生活に戻りたいと思っていても、離婚のときのひどい精神状態を思い出してしまい、やっぱり踏みとどまっている。この状況と同じです。

ややこしい症状ですが、このパターンのむなしさは、意外とシンプルに解決します。

また飛びこんだらいいんです。それも別のプールに。

同じプールに飛びこもうとしているから、むなしいんです。

このパターンのむなしさは、恐怖心が起因しているものです。また同じ苦しみを味わうかもしれないのを怖《おそ》れている。けれど恐怖心は、別のプールに飛びこんでしまえば、拍子抜けするほどすぐに消えます。だって身体は、普通にプールで泳いでいたときと変わっていないのですから。ブロックがかかっているのは、心のほうです。

心のブロックを解くには、再チャレンジがベスト。

人はチャレンジをしている間は、むなしさが消えます。

チャレンジをあきらめた、本当は何かが欲しいのに、自分でいろいろ理由をつけて、チャレンジしないときに、むなしさは生じます。

足が攣って溺れた人こそ、思いきって、違うプールに入ってみましょう。

クビになったプロ野球選手は、野球が好きなら別のアプローチで野球と関わる方法もありますし、リストラされたサラリーマンはいろんな会社の面接を受けるか、起業すればいい。離婚した女性も、好きな男性ができたら何度だって結婚して、かまいません。

恐怖心があるのは、いいことなんです。怖いから、またプールに入るときの工夫ができます。まずは浅いプールに足から入っていくとか、ビート板や浮輪を持って入るとか、専門のコーチをつける場合もあります。

いずれにしろ、「もう一度チャレンジする」という選択肢を取り、動きだしてからは、むなしさは消えていくでしょう。

困難なことをチャンスと受け取る

むなしいという人はみんな、社会というプールで溺れた経験者だと言えます。

自分は一度も溺れたことがない、という人はいないでしょう。誰でも学校や職場で、足が攣り、溺れて、沈んでしまったことがあるはず。

僕がこういう話をするのは、過去に溺れて、苦しんだ経験があるからです。溺れたときの苦しさも、恐怖もわかります。

いろんなプールで溺れています。だから溺れた人の気持ちに寄り添える。怖くて、プールに入れないむなしさも、共感できます。

プールに入れないむなしさを消すのは、別のプールに再び入っていくのが最もシンプルな方法だということを、伝えたいです。

1回目は溺れても、2回目3回目は溺れないかもしれない。このプールって最高！　と思える瞬間が、やってくるかもしれません。

僕はその方法を応用して、飛行機恐怖症を克服しました。

以前は搭乗して座席に座ると、身体がガタガタ震えてくるぐらいのレベルでした。息もできなくなる。

だけど仕事で海外に出る機会が多いので、乗らないわけにはいきません。ありとあらゆる方法で、克服に臨みました。体操に薬、イメージトレーニングに瞑想《めいそう》……工夫を重ねながら、飛行機に乗り続ける、つまりプールに入り続けたんですね。

いまではほぼ完全に、飛行機を楽しめるようになりました。

さらに、飛行機の恐怖が楽しさへと変わってから、海外や飛行機関連のお仕事が増えたり、不思議なご縁がたくさん生まれています。

僕は、何でもゲームにしちゃうのかもしれませんね。プールで溺れた恐怖心は、恐怖としてきちんと受け止めつつ、それを克服するゲームが始まった！　という感覚です。**困難なことでも、チャンスだととらえる**と面白さに変わります。

そうやって僕は、ポジティブの力や、上機嫌の力を高めてきました。

ここがクリアというポイントはありません。日々、成長しています。間違いなく1年前よりも僕のポジティブ力と上機嫌力は、パワーアップしています。

怖くても、失敗しても、工夫を重ねて繰り返していく。

前のプールでは溺れたけれど、新しいプールでまた泳げるようになったら、楽しいじゃないですか。

溺れた恐怖ではなく、楽しさにフォーカスして、何度でもプールに入っていけばいいと思います。

むなしいときこそ満たされるチャンス

むなしさは感謝に有効利用できる？

むなしさは、悪いものとは限りません。重ねて言いますが、むなしさを満たすために、仕事や勉強を頑張って、いい結果を得られるなら、それはそれで素晴らしいことです。むなしさを完全に消すことも無理。ならば、有効利用していくのが賢い付き合い方でしょう。

むなしさの一番の有効利用は、感謝のかけ合わせです。

むなしい人は、心のどこかで、満たされていないことに申し訳なさを感じています。その申し訳なさは、頑張っているのに報われていない、または果てのない夢を追うのに疲れている、自分自身に向けられているものです。

ほんの少しでも、充足される実感を得られたとき、感謝の度合いはむなしくない人より、高まりやすくなります。

むなしい人は、感謝上手なのです。

時代劇で、お侍さんは「かたじけない」と口にします。禁欲的で正義感の強いお侍さんほど、「かたじけない」と頭を垂れますよね。あの振る舞いは美しい。

何に対しても感謝する、昔の日本人の奥ゆかしさが、むなしさの有効利用のカギです。

むなしさと感謝は表裏一体

平安時代の有名な歌人、西行《さいぎょう》は伊勢神宮に参詣した感動を、このように詠みました。

「なにごとの　おはしますかは知らねども　かたじけなさに　涙こぼるる」

直訳すると、神宮にどなたがいらっしゃるのか自分にはわかりませんが、おそれ多くてありがたく、ただ涙があふれて止まりませんという意味です。

相当に、ありがたかったのでしょうね。大自然の八百万の神を崇《あが》める、神道への畏敬と感謝に満ちた名歌です。

当時の大自然は、災害もあったでしょうし、人の思い通りにならない、一番のむなしさの対象だったと思います。その大自然の神に、感謝を捧げるという。苦しめられることもあるけれど、豊かな農作物や四季の美しさをいただいている大自然に、歌で最大限の礼を述べています。

この歌には、むなしさと感謝の比例関係が、よく表れていると思います。この世への感謝は、むなしさから生みだされたとも言えるかもしれませんね。

むなしさと感謝は、表裏一体。陰と陽の関係にあります。

どちらかだけで満たされる状態は、ありません。

陰と陽は同時に存在し、すべての物事に相互作用を及ぼしています。つまり、むなしさは感謝に変換できるエネルギーとして、有効活用できるのです。

証拠として、御礼を述べるとき、「お陰さま」という言葉を使いますよね。「陰」を敬い、様づけすることは、感謝なのです。感謝の言葉は、陰と陽が同時にあることを示しています。

むなしさは陰を生みますが、その陰に感謝することで、感謝の質は高まります。質の高い感謝は、安定した充足感を導きます。

言い換えればむなしいときこそ、満たされるチャンスです。

第3章

僕がいま、むなしくならない理由

むなしさとのバランスの取り方

むなしかった反動で活動的に

まえがきで、僕は小さいころにむなしさを感じていたことに気付いた、と言いました。

そんな僕が、なぜいまのように活動的になったのか。

むなしさを埋める行為とはベクトルが違いますが、僕の活動の根っこには、やはり両親の存在が大きく関係しています。

父親は僕に対して「神の子が生まれた！」というくらいに感動していました。ユーモアではなく本気で。そのぐらいの肯定を浴びていた経験が、僕の行動エネルギーの源流になっています。

子ども時代に親以外からのリアクションが薄かったぶん、大人になってから少しずつ得られていく一般のリアクションは、とてもありがたく、嬉しかったです。

僕は会社を辞めてから、ストリート書道を始めました。最初は誰も立ち止まってくれませんでしたが、続けているうちにひとりふたりと、お客さんが来てくれました。僕の書にリアクションしてくれる人が増えていく喜びは、感動的でした。

爆笑問題の太田さんも、似たようなことを言われています。子どもの頃から誰とも気が合わず、いつもクラスの端っこで落ちこんでいた。だけど本当は誰かのリアクションが欲しくてしょうがない、だからお笑いを始めたのだと。

子どものときにリアクションがなかった反動がすごくて、どれだけテレビで活躍しても、まだリアクションが欲しい。世間からの批判や、ネットでの炎上さえも嬉しいんだそうです。

僕にはその気持ちが、よくわかります。

「伝える」と「伝わる」は違う

人からリアクションを得られるようになったきっかけは、共感です。

お客さんが、どんな書を求めているか。僕はお客さんの話を聞いたり、表情を読みながら、探っていきました。波長を合わせる、「**チューニング作業**」です。

お客さんと僕、お互いに共振できるところを見つけて、書を完成させます。するとお客さんは、すごい！　感動した！　と、大きなリアクションを返してくれます。

女子がよく口にする「わかるー！」という感覚ですね。「わかるー！」の楽しさを、お客さんとの間につくることで、僕の書は、伝わっていくようになりました。

共感のチューニングができなかったときは、自分がいい書を書けばお客さんは喜んでくれると考えていました。そして、褒めてくれるとか、評価のリアクションを欲しがっている状態でした。何もないところからストリート書道を始めたので、焦りもあったでしょう。けれど、いい書だから多くの人に伝わる、とは限りません。何をしたら、多くの人に伝わるのか、工夫が必要でした。

僕は、相手の話をしっかり聞くようにしました。相手をまるごと、受け入れるように。伝えることが先ではダメです。相手を知るところから始める。そして共感できるポイントを見つけられれば、リアクションが返ってきます。

「伝える」と「伝わる」は微妙に違います。

「伝える」は、自分が先に立っている。

「伝わる」ためには、まず自分を後回しにして、相手を知らなければいけません。

相手のなかに、自分と同じところを見いだす。たとえばお客さんが、会社の上下関係で怒っていたとしたら、僕もその怒りに近いことを思い出して、共感します。お客さんがむなしさを感じられていたら、僕の子ども時代のむなしさと重ね合わせます。

この共感の手法は、ストリート書道をしていたときに生まれました。たくさんの人に伝えるために、自分だけのメッセージを発信するのではなく、たくさんの人と共感できる部分を、自分のなかに見いだそうと努めたのです。

ストリート書道を経てから、僕はどんな個性も受け入れるようになりました。

いまは書道教室の300人の生徒さん全員に、僕自身との共通点を見いだしています。人見知りな人、口調がキツい人、クールな人、熱い人……あらゆる性格に、僕との共通点があります。何ひとつわかり合えない、という人はひとりもいません。

誰だろうと、共通点を見いだす。それは僕がストリートで得た、特殊なスキルかもしれません。

なぜ僕が、共感をうまくできるようになったか。やはり、子ども時代のむなしさが、きっかけになっていると思います。

僕の人生でのむなしさとの付き合いは、悩んだり、消えたり、再び現れたり、その上下の繰り返しでした。

むなしさを完全に消すことはできません。けれど上手に付き合うことはできます。その丁度いいチューニングを、他人との共感を繰り返すことで、自然にトレーニングしていきました。

大勢より目の前のひとり

書道教室を始めたばかりの頃、宝物のような経験をしました。

僕はストリート時代から、本当の願いは世界平和だと言っていました。無職に近かった青年が、路上の片隅で筆を持って、世界の戦争を止めたいと、本気で考えていたんです。

書道教室を始めたときも、メッセージを伝えたい相手は人類全体、約70億人を対象にしていました。いまと同じです。でも、教室開始当初は、まったく生徒さんが集まりませんでした。教室ができたころは近くに知り合いがいなかったですし、書道を習いたい子は、みんな地元のどこかの教室に通っていました。生徒さんが集まらないのは当然です。

最初の生徒さんは、教室のお隣に住んでいた菊池さんでした。挨拶に伺ったのをきっかけに、入ってくれました。嬉しかったですね。僕は約70億人の人類と、１００年後の未来について真剣に考えていたけれど、まず目の前の菊池さんに思いを伝えよう、貢献しようと、意識を変えました。

約70億の人類と比べて、ひとりの生徒さんはあまりに軽い、というのは間違っています。そもそも比較できるものではない。ひとりが約70億集まって、人類全体を形づくっています。目の前のひとりは、人類全体と繋がっています。

大きな志を達成するには、まず小さな一歩から。社会的事業を成し遂げるには、まず目の前の人と幸せを分かち合う。それは真実です。願いが大きければ大きいほど、できることをひとつずつ心をこめてやることが、大切になってきます。

書道教室で菊池さんと接するうち、僕は1という数字のとらえ方が変わりました。目の前のひとりを、1という小さな単位のイメージでとらえないこと。70億人に思いを届けるのと同じエネルギーで、僕は菊池さんひとりと接していました。

しばらくすると教室に新しい生徒さんが入ってきて、ほどなく200人以上の生徒さんが通ってくれるようになりました。

ひとりに意識を注ぐことで、何百人何千人、ひいては人類全体に、気持ちは伝わっていく。それを僕は、書道教室で実体験しました。

この経験のおかげで、僕はむなしさにとらわれなくなったと言っても過言ではありません。

たとえば、気の合う仲間と一緒にカフェをオープンします。1日のお客さんの目標数が、100人だったとしましょう。オープン当初は、お客さんはひとりでした。ひとりしか来なくて残念、少なすぎると嘆くのは、どうでしょうか？　来てくれたひとりのお客さんに、失礼ですよね。**100人なら嬉しくて、ひとりなら悲しい。それはおかしいことです。**

ひとりが積み重なって、100人になります。数字を数字だけでとらえていると、100より1のほうが軽いと、思いこんでしまいます。だけど100は1の集合であるという事実を、忘れてはいけません。

カフェのお客さんがひとりでは、少ないと感じた場合、数字だけを見ている証拠。来てくれたお客さんにいい時間を過ごしてもらうという、最も集客できる気持ちが、置き去りにされています。

当然ですが、ひとりを1という数字でとらえている店より、ひとりひとりに100人分のエネルギーをかけてくれる店のほうが、繁盛しますよね。ひとりしか来ないと落ちこむのか、ひとりに来てもらって最高だ！　と思うかで、その後の店の経営状態はまるで変わってきます。

接客業に限りません。どんな仕事も、人との関わりで成り立っています。多くの人に何かを伝えたい、と思っても、まずは目の前のひとりに意識を向けていくことが、大事なことだと思います。

僕の「ビジョン」の描き方

僕は、大志を抱くことで、あえて「むなしさスイッチ」を押すことがあります。

世の中に横たわるさまざまな問題に対して、何ができるのだろうか。世界平和と言いながら活動していると、むなしさは避けられません。自分がいかにちっぽけか、いかに力がないかをいやがおうにも感じさせられるからです。

世界中の人々が楽しく暮らす、そんな大きな夢を描きながら、それを忘れるくらい自分が瞬間瞬間を楽しむ。出会う人、目の前の人を楽しませていく。

僕はこのようにして、むなしさとバランスを保ちながら生きるよう心がけています。夢が叶ったように生きる。目の前の世界から、大志を抽出していく。「ふわっとしたエネルギー」をもつ。

すると、自然と夢が現実として、いまこの瞬間から広がっていくのです。

僕は明確な目標をもちません。なぜなら、自分が描くイメージよりはるかに素晴らしいものがデザインされて届くからです。

明確な目標をもっていると、それにしか向かわなくなります。ビジョンをもって目の前のことを楽しめば、夢は広がります。

それでも目標を立てる必要がある人は、目標はあくまでも参考程度ととらえ、いつでも変更できるような柔軟性をもつとよいと思います。

達成感はむなしさに似ている!?

僕にむなしさが少ないのは、何かひとつのものに懸けていないからです。

書道家は僕のなかで大きな柱ですが、教室も講演会も、パフォーマンスもトークショーも、僕には楽しくてしょうがない。どれも大切な仕事をもちます。

この道しかない「のに」、頑張っている「のに」、これだけしてあげた「のに」という、不満の言葉が、僕の中にはありません。**生き方が、分散的。**花に感動して、子どもに感動して、仕事に感動して、そして宇宙に感動しています。

昔の人は、何かひとつのことに集中して、突きつめるのが美徳だと言いました。そうしないと本質は見えてこない、成功もしないと。

果たして、そうですか？　と、僕は疑問をもちます。

一点に向かって走っている生き方は、走っている間はいいのですが、立ち止まったり、ルートから外れたりすると、むなしさが生じやすくなります。理想として突き進んだ道と、そこから外れてしまったときのギャップに、苦しむことになる。遠くの一点を追いかけて走っていくことが性格的に合っている人はいいですけれど、必ずしも世の中みんなの幸福に、結びつく生き方ではないと考えています。

以前、重いがんと闘病している知り合いの女性の話を聞きました。長い治療の末に、がんは治ったといいます。喜ばしいことのはずなんですが、その方は「治ったとわかったときは嬉しかったですが、その後、急にむなしくなりました」と言われました。

がんが治るほどの達成の果てに、むなしさが現れるというのは、興味深いことです。目標を達成してしまった後に、むなしさがあるということ。

一本の道を突き進んで、ゴールを達成した後、人は満たされると信じています。けれど現実は、大きなむなしさが生じる場合もあるようです。

達成感というのは、実はむなしさと近似の感情だと考えられます。

達成感を得た後は、また次の達成を求めて、一本の道を走るようになる。達成の喜びを重ねるために、辛さも苦しさも、落ちこむのも耐える。喜びと哀しみの上下が激しいから、面白いことは面白いと思います。生きている充実感はすごいでしょう。まさに、つかみ系の生き方ですよね。

僕のスタイルとは真逆。ひとつの目標を叶えるために、辛さも苦しみも、むなしい瞬間も引き受けるという生き方は、僕は選択しなくなりました。

分散的に生き、エネルギー値を高く設定する

人によっては、僕はひとつのものに集中できないから、得られる喜びが少なく、人生がつまらないのじゃないかと思われるかもしれません。だけど、僕はもともとの感動エネルギー値が高いから、物足りないどころか、満ち足りています。

小さな花の美しさ、風の気持ちよさ、子どもたちの笑顔ひとつひとつに、感動しています。小さな感動が、日々にちりばめられている。

つかみ系の人が目標を達成した瞬間に得ている喜びと同じエネルギー値を、日常的にキープしています。

感情の上下の起伏は少ないかもしれませんが、好奇心がパンパン。エネルギー値の高いところで、感動が行き来している。

僕は達成感なしに、感動に満たされている人生を送れています。誰とも戦わず、競争もしません。目標も持たないし、達成感もなし。けれどエネルギー値は、ずっと高い。高いところで、感謝と感動の起伏を繰り返しています。

そうすることで、むなしさは現れず、先に述べたコップの理論で言うところの、あふれ出るgiveが生じます。それが社会貢献の気持ちになり、たくさんの人に思いが伝わるパワーにもなっていきます。

こういった思考のメソッドの一部は、以前に書いた『ポジティブの教科書』で紹介しました。目からうろこが落ちました！　という感想を、たくさんいただきました。

双雲メソッドは、世間的には少数派のメソッドなのかもしれませんが、本当はもっと普遍的な、当たり前の道徳ではないかと考えています。

みんなの理解力が足りないというのではなく、世の中に正しくインストールされていないのを感じています。

現代人はやはり、受験やら仕事やら家族のトラブルやら、いろいろなことで忙しくなりすぎています。感謝の大切さ。挨拶の重要性。感動の面白さ。道徳の時間に教わって、インストールされたはずですよね。だけど形だけ守られ、本質の部分は、忙しい雰囲気に消されてしまっています。

道徳が心に整っていれば、むなしさは生じません。

そういう肝心なことは本来、学校で教わっています。目先の忙しさで、インストールされたことを忘れているだけかもしれませんね。

世間の評価にとらわれすぎない

東京ドームも路上ライブも同じ

目標達成のいちばんわかりやすい形は、他人からの評価です。

評価そのものが必要ないとか、悪であるとは思いません。けれど僕たち現代人は、あまりにも評価に振り回されすぎではないでしょうか。

赤ちゃんのときに、他人からの評価を気にしていた人はいないはずです。赤ちゃんと大人とは社会の立ち位置がまるで違うので一緒にはできないかもしれませんが、赤ちゃんのときに得ていない評価を得ている大人のほうが、尊いと言えるでしょうか?

僕個人は、誰もが知ってるような有名な賞をもらっても、あまり気になりません。嬉しいことは、嬉しいです。評価をいただけるのは光栄なこと。だけど嬉しさは友だちや家族から、誕生日プレゼントをもらうのと、さほど変わりはありません。

僕は外部環境の認識に、重点がないのでしょうね。評価にとらわれない、というより評価に一喜一憂する感性が、とても希薄です。

先の話にも繫がりますが、外からもらうもので感情が揺れ動くのは、すごく不自然ですよね。**多くの人は、外からの評価が、モチベーションになりすぎている気がします。**

たとえば日本人科学者がノーベル賞を受けたとか、世界的な芸術祭で1位を獲ったなど、受賞のお祝いのニュースが「偉業だ！」と報じられます。

たしかにすごいことですし、日本人として誇らしい。お祝いされるご本人にとっても光栄なことでしょう。けれど僕個人は、ピンときていません。

僕は、世間的な評価に、モチベーションが持てないのです。

アーティストが10人ぐらいのお客さんを前に路上ライブしていたときと、東京ドームを満員にしたときと、どちらが幸せか。世間の指標ではもちろん、ドームのほうでしょう。でも実際に、歌っているそれ自体の喜びは、同じですよね。

路上もドームも、どっちも幸せ。それが正解だと思います。

若いアーティストが1万人のライブを目指す、というのは、やはり違和感があります。たまたま1万人集まったというのはいいですけど、そこを目指すというのは、何か違うんです。歌うことではなく、集客力が高いという、ビジネス上の評価を満たすのが目的となっています。

好きなことをやって、結果は後からついてくればいい。

お金儲けは度外視と受け取られるかもしれませんし、ビジネスメソッドから見たら、甘いと断じられるでしょう。

ただ、僕は結果を出さなくても、ゴーイング・マイ・ウェイが最高！　とは言いません。ちまたのビジネスメソッドに乗らなくても、評価を得られる、結果を出す方法はちゃんとありますよ、というのを伝えたいのです。

子どもに戻る

燃えつき症候群を避ける具体的な方法のひとつは、子どもに戻ることです。

僕の仕事は、基本的に一発勝負です。特にテレビやイベントでのパフォーマンスは、一発で、最高の書が求められます。

テレビではしばしば、いきなり書くことを求められる場面があります。ちょっと難のある筆や、紙を渡されるときもあります。

だけど「これじゃできないです」と断ったりしません。

理屈を盾にして、ハードルを越えようとしないのは、大人のすることですよね。僕はあえて、無心に、子どものハートで臨みます。

無理な状況を、楽しんで、ベストパフォーマンスができています。何かを求められていると意識しません。

厳しい一発勝負を、子どもに返って、いくつもクリアしていると、いつの間にか評価に繋がりました。

人間国宝のお皿に書を書く仕事も、大変なプレッシャーです。下書きできない。一発でやりきるしかないわけです。

うまく書こう、ミスしたくないと思ったら、書けません。このギリギリの状況、楽しい！　と、男の子に戻って書いています。

頭の中は楽しんでいる、でも身体はプロのゾーンに入っている、このバランスですね。

子どもは危なっかしいように見えますけど、実は心身のバランスが、すごく高いレベルで整っています。

結果に意識を向けないで、いまこの瞬間を楽しんだほうが、難しいハードルは越えられます。

世間的に評価されているビジネスマンや企業家に、どこか子どもっぽい人が多いのは、そういうことですね。

感情が目の前の事実を呼びこんでいる

感情が事実を呼びこむ

書道家は、バランスに敏感です。

文字の偏《へん》と旁《つくり》は、離れすぎたり近すぎたりすると、不格好になります。遠くも、近くもない。その文字のベストのバランスを、紙の上で確かめながら、筆を動かしています。

むなしさの正体を解くには、バランスが重要だと気付いたのは、僕が書道家だったからかもしれません。

いい距離が肝心。むなしさを消そうとせず、強烈に満足感を求めすぎないこと。どちらかが強くなるほど、むなしさは立ち上がります。

「そう言えばむなしいかも」「考えてみたら満たされている」ぐらいの状態を、いいバランスで保っているのがベストな状態です。

僕は毎日、すごく満たされています。口にも出しています。かといって、むなしさを否定してもいないし、逃げているわけでもありません。むなしさを立ち上げないよう、自分で満たされている環境のバランスを整え、エネルギーを高く維持できる状態づくりに努めています。

知り合いに、阿木燿子さんがいます。山口百恵さんの曲など多数のヒット曲を手がけられた人気作詞家です。阿木さんは口グセが「幸せ」なのだそうです。朝起きたら「幸せ」、ご飯を食べたら「幸せ」、幸せ幸せと口にしながら、曲を作ってきたと言われました。阿木さんらしい、可愛らしいエピソードですね。あんなに素敵な曲をたくさん書かれてきた秘訣《ひけつ》は、これに違いないと。

口グセの力は、偉大です。「幸せ、幸せ」と口にして生きていると、雰囲気も顔も、すべて幸せの状態に変わっていきます。

僕らは事実に反応して、感情が生まれると考えますよね。攻撃されたら、むかつく。冷たくされたから、落ちこむ。**事実が感情をつくっている。だけど逆も存在するのです。感情が、事実を呼びこんでいます。**

運がいい人がなぜ、運がいいかご存じでしょうか?

「自分は運がいい」と思いこんでいるからです。

口グセにもしています。だから、運がいい。これは本当なんです。

周りに振り回されたくない。不愉快なことに遭いたくない。そう願うのなら、「幸せ」で「満たされている」感情を、自発的につくってしまいましょう。

「満たされている」と口にして、満たされた表情をキープしていると、その感情に即したように、世のなかが見えてきます。

何かいいことがあるから満たされるのではなく、先に自分から満たされてしまえば、事実のほうが満たされます。

この天動説と地動説ほどに大きなパラダイムシフトを、意識してください。

むなしさが、たちまち満足に変わるヒントになるでしょう。

バランスを整えるのが、ちょっと難しいという人にはぜひおすすめ。簡単なはずです。

先に事実ではなく、先に感情を持ってくる。むなしいという感情で物事に接するか、「幸せだな」「感謝したいな」「こんなに満たされていいのかな」という感情で物事に接するかの違いです。

はっきり言って、答えはこれだけでいいかもしれないぐらい。**感情を「満足」にセットして、「ああ満たされているな」と口グセにしてしまえば、むなしさは減っていきます。**

「生みの苦しみ」は味わわなくてよい

阿木さんのエピソードには続きがあります。過去に一度、ヒットメーカーの役目を背負ったことがあるんだとか。売れなきゃいけない、レコード会社を喜ばせなくちゃいけないと、口にもするようになって、自分をプレッシャーで追いこんだそうです。すると全然、売れなくなってしまった。

そこでポンと意識を変えて、**背負っていたものを降ろし、「幸せ」を口グセにし始めたら、またヒット曲を続々と出せるようになったそうです。**

以前、ラジオで対談した阿木さんは「何にも背負わないで、無邪気に書くと、詞が降りてくるの」と言います。旦那さんの宇崎竜童さんも阿木さんと同じ考え方で、「手を光に差し伸べると、さらさらっと砂金のようになって降りてくる」と言われました。

かっこいいですよね。でもその通り。男の子にならないと書は書けないという僕の感覚と通じるのかもしれません。

人は長い間、勘違いをしてきたのではないでしょうか。

事実に感情を振り回されてきたのではなく、自分の表情とか言葉で事実を選び、人生を送っているのが、真実なのです。

僕はこうやって、出版社の方と一緒に話し合い、本を出させてもらえることが、本当に幸せだと思っています。話を聞いてくれる、書かせてもらえる、本を読んでくれる人がいる。幸せでいっぱいです。

作家はセールスやクオリティ、たくさんの責任を引き受けて、苦しんで書かなくちゃいけないという考えの人もいるでしょう。それはそれで否定しません。

僕は、本を作るプロセス一つ一つに深い幸せを感じています。

仕事でも日常生活でも、応用できます。何事も、ポジティブな感情で接する。「むなしい」か「満たされる」か、どちらの感情をもって接するかで、事実は決まります。

極論すると、「むなしい」の形がなければ、「むなしさ」は立ち現れない。

「満たされる」の形をもって、目の前のことに接すれば、その形は現実になります。

形から入るというのは案外、正解なのです。

我慢するよりも大事なのはチューニング

人の期待に100%応えようとしない

何事にも「満たされる」感情で接するのが、いきなりは無理という人もいるでしょう。そこで「満たされる」感情に、チューニングしていくコツをお伝えしましょう。

昔のダイヤル式のラジオは、手でダイヤルを回して、聞きたい番組の周波数を探しました。たとえばFM放送の80・01MHzにピタっと合うと、音がクリアに聞こえて、気持ちいいですよね。1MHzずれているだけで、ノイズがザーッと入る。ラジオの場所や天気の変化でも、ノイズの位置が違ったりします。

指先でクリアに聞こえる周波数を、ちょっとずつ探していく、あのチューニング感覚を応用しましょう。

僕がやっているむなしさの調整は、まさにチューニング。思い描いてる感情と現実がリンクするところを、手探りして、いい感じの周波数に合わせています。

「夢を叶える」作業に近いのかもしれません。夢は常に変化していて、現実も変化しますよね。夢と現実が離れすぎないよう、最高の夢と最高の現実を描き直し、いつも改善して、「叶える」状態にチューニングしています。

感覚的すぎて、少しわかりにくいかもしれませんね。要は、夢を現実化しようとしない、夢に期待をかけないということです。

このチューニングがうまくいってると、むなしさはなかなか出てきません。

僕のメッセージが世界的、人類全体の幸せに貢献できたら、とても幸せなことですけど、それが目標になっているわけではありません。チューニングがうまくいって、結果的にそうなったらいいな、と思っています。

大事なのはバランスを取ったチューニング。「こうしたい」「こうありたい」という期待値で、やっている作業ではありません。僕は人の期待には、応えません。そうでなくても、僕は幸せですから。期待に応えるところに、幸せはないと考えています。

人の期待に応えようとするのは、チューニングのバランスを崩します。

なぜなら、期待というのは人によってバラバラだからです。「あってほしい」「なりた

い」像は無数にあり、その数のぶんすべて合致するという状態は、あり得ません。

かといって期待を無視するというのも、違います。期待は期待で励みになりますから、うまく受け止めれば、チューニングの手助けにできるでしょう。

僕は、みんなが喜んでくれるところと、僕が喜ぶところの、クロスポイントをチューニングで探っています。

ファンの期待ばかりには応えない。たまたま僕がやってることと、みんなの何か欲しいものが合致したときはラッキー！　合致しないときは知りません！　それくらい、肩の力の抜けた感覚で過ごしています。

快適な人生ですね。ノイズのないクリアな音のするチャンネルに、日々合わせるよう努めているだけなので、むなしさは、ほとんど出てきません。

夢の実現に我慢はいらない

期待に応えようという意識をもっていると、むなしくなってきます。親の期待に応えようと、自分を押し殺して生きている人などは典型的です。自分のちょうどいいクロスポイントにチューニングしないで、ノイズをガンガン聞いているような状態だから、苦しいはずです。

いけないのは、我慢です。

我慢している状態、これは確実にむなしさを生みます。我慢したらその先に、満足がある。そう思いこむよう、親や先生に教育されてしまった人もいるでしょう。行きたい学校へ行くために遊ぶのを我慢して勉強する、試合に勝つために遊ぶのを我慢して練習する。このようにしてよい結果が得られることに対して否定はしません。しかし、そのようにしてゴールを決めてしまうと、達成したとたんに満足してしまい、燃え尽き症候群になってしまいます。

明確な目標に執着して、本当に自分がたどり着きたい幸せについて考えない、このような人は意外と多いように感じます。

もう先がない、何かを我慢して努力を続けなくてはいけない、そこまで追い込まれてしまう人は、明確な目標を掲げる前に、47ページで述べたビジョンを描くとよいでしょう。そう考えると、何かに打ち込むことが楽しくなり、心に余裕も生まれます。このようにして上手にチューニングしていきましょう。チューニングは、我慢とは違います。

チューニング作業が楽しければ我慢ではないし、苦しければ我慢だと思います。

我慢しないで好きにやっていたら、たまたま期待に応えられる結果が出た、そのように

生きることも可能です。

ボールを投げるタイミングをうかがう

人とのコミュニケーションでも、我慢せずにチューニングしていくこともできます。たとえば、息子をキャッチボールに誘って「いまゲームしたいから嫌だ」と言われたとしますよね。そこで無理やり腕を引っ張ってキャッチボールさせたら、息子に我慢が生じます。けれど、息子がゲームするのを放っておいて、こっちは草むしりしたり新聞を読んで、彼がゲームに飽きるのを待ってみます。そして息子のほうが「お父さん、キャッチボールしよう」とミットを持ってきたら、「よしやるか」と外に行く。これがチューニングです。

コミュニケーション全般に通じます。**相手にいかにしてミットをもたせるかではなく、ミットを構えてくれるタイミングを、どうやって探るか。コミュニケーションが下手な人は、球を相手に投げることが目的になりすぎています。**キャッチボールは、自分か相手のどちらかに我慢が生じてはいけません。自分と相手との波長が通じ合い、自然な感情で球を投げられたとき、気持ちいいキャッチボールができるようになります。

たとえば歯磨きしない子どもに、歯磨きしなさい！　と言っても、あまり効果はありません。子どもは、したくない歯磨きをさせられていると思うので、我慢が生じます。そうではなく「あなたは歯磨きが上手だよね」「お母さんに上手なところ見せて」と言うと、すすんで子どものほうから歯ブラシを握るでしょう。これもチューニング。**相手が気持ち良く、そして自分も気持ち良くなれる結果を、どうやって導いていくか、工夫することです。**

我慢の慢は、自慢の慢と同じ字ですね。他にも慢性的、慢心……あまりいい意味では使われません。我慢がポジティブではないのは、字そのものが表しています。

ちなみに慢は、仏教用語です。煩悩のひとつであり、他人との比較で思い上がることだと説かれています。

我慢とは、我が身のみを頼みて人を侮るという意味です。つまりはエゴ。我慢は自己犠牲にもつながり、日本では美徳とされている向きもありますが、他力本願とは逆で「自分だけが我慢すればいい」っていうエゴなんですよね。とてもナルシストな言葉とも言えます。

我慢よりチューニングのほうが、楽しいと思います。

第4章

むなしさとの付き合い方
――上手にチューニングする実践法

むなしさは消せないけれどチューニングは可能

環境がむなしさの原因

この章では、むなしさとの具体的な付き合い方を説いていきましょう。

むなしさというのは、誰もが生まれ持つ感情で、性格ではありません。あるとき、いろんな要因が重なり、心に表れてくるものです。発動すると言ってもいいでしょう。

むなしさが発動される環境に身を置くと、むなしくなります。

ポジティブ思考などで、ある程度は発動しないようにできても、長らく「むなしい環境」に浸っていると、どんなにポジティブな人でも、むなしさに襲われます。

たとえば、あなたはどんなときにむなしさを感じますか?

承認欲求が満たされない。好きな人が振り向いてくれない。どんなに努力しても、欲しい地位にたどりつけない。逆に高い目標を達成して、やりたいことがなくなってしまった。他人との評価ばかりしている。お金が貯《た》まらない。家族が言うことを聞いてくれない。病気が良くならない……さまざまでしょう。

多くはつかみ系と、未来重視の思考が関係しています。「いまは満たされていない」「いつか満たされる」この二つの環境が同時にあるとき、むなしくなりがちです。

環境はチューニング次第で変わる

まずは、そういった環境になるべく身を置かないことが大切。むなしさはポジティブ思考でいったんは消すこともできますが、対症療法でしかありません。環境を整えることが、根本治療になります。

病気との付き合い方と同じですね。病気を手術や薬で治すより、病気にならない環境づくりが、何よりの手立てです。

問題を解決することより、そもそも問題が起きない環境を目指しましょう。

環境を整えていく、つまりチューニングをするということです。

一流のピアニストは、調律師と一緒に世界中のコンサートに行くといいます。プロ中のプロが、最高の音楽を奏でるのに一番頼りにしているのは、高価な備品でも敏腕プロデューサーでもなく（それも大切ですが）チューニングの専門家なのです。環境のチューニングがいかに大切かがわかります。

むなしさが蔓延《まんえん》する現代において、求められるのはクリティカルな実践法ではなく、チューニングだと思います。

現代人は忙しすぎます。あらゆるトラブルに対して即時的、物理的な対応のみにとらわれがちです。素早く問題を解決するのはたしかに大事ですが、対症療法でＯＫになっていないでしょうか。

むなしさは、対症療法では、なかなかなくなりません。

むなしさを適量のラインに抑えていく、やさしい調律の仕方を、いくつかお伝えしていきたいと思います。

自分に嘘をつくむなしさ

嘘を口にすると虚しくなる

一方で、つかみ系ではないむなしさも存在します。

誰もが体験するところでは、「**自分の心に嘘をつく**」ことです。

仕事の同僚や恋人に理不尽なことをされたのに、関係を気まずくしたくなくて、作り笑いでごまかす。これはむなしいですね。

すごく悲しいことがあっても立場上、平気な顔をしている。お客さんが損するとわかっているのに、ノルマ達成のために不利な商材を売ってしまう。いじめグループに標的にされたくないから、仲の良かった友だちを無視する。本当は専門学校に行きたいのに、家族や世間体を気にして、大学受験を選ぶ……いろいろなパターンがあります。

僕も幼い頃、周囲に遠慮して我慢していたことがあります。そのとき、むなしさは膨らみました。

嘘は、口に虚しいと書きますよね。誰かのためを思いやった嘘だとしても、やはりそこにはむなしさが、ついてくるのです。

自分の声を聞こう

そうは言っても、世の中の人がみんな自分の言いたいことを100%言っていては、大変なことになりますね。そう考えると、自己主張するときは毎回、ある程度の嘘をつかなければいけないのでしょうか。

しかし、相手を怒らせてまで主張することは、逆に自分に嘘をつくことにもなります。言いたいことを言わなくても、自分の中で納得していれば、嘘にはなりません。相手も自分も思いやっていれば、本意でないことを言ってもむなしくなりません。**「自己対話」をすることが大切です。**幼い頃の僕は、ただ周りに気を使ってばかりで、自分の本当の気持ちを無視していました。自分と他者、双方の気持ちをチューニングせず、どちらか一方の言い分で強引に事を進めると、むなしくなります。

まずは、自分とのコミュニケーションを丁寧にする。自分の声に対して聞き上手になり、自分と仲良くなる。自分の声を聞くことで、自分がいま我慢している状態か、楽しみながら乗り切れるか、チューニングが必要かがわかります。

自分が楽しめていないと気付いた時点で、やり方を変えるのです。

「話す」ことは「放す」こと。

「口」に「虚」しいと書いて「嘘」

気がかりを自分に向かって話せば、何が問題かが見えてきて、上手に手放すことができます。

具体的な手順としては、思っていることを書く。

そして、自分が書いた悩みを客観視して、解決方法を探る。

人間関係でどうしても譲れないことが出てきたら、自分とタッグを組んで、相手への伝達ゲームに切り替えます。

まず、何のために話すか、目的を考え

ます。

それから、それをどのようにすれば伝わるかを考えます。

この作業を怠ると、ただ自分の言いたいことを口に出してしまうことになります。

「伝える」と「伝わる」は違うのです。

話す目的を考え、相手にどう理解してほしいかを考える、この作業を丁寧に行いましょう。

そのゲームに失敗したとしても、チーム自分のチームワークはよくなり、自分のことがより見えてきます。それは今後、決して無駄にはなりません。

むなしさを減らしていくには人称を上げる

ライバルをつくらない

僕がやっている具体的なチューニング方法のひとつは、**ライバルをつくらない**ことです。

書道家として誰よりも有名になりたいとか、何かの有名な芸術賞が欲しいとか、少しも思っていません。成功レースに加わっていない。その代わり、人類をもっとこういう方向に連れていきたい、感謝を地球全体に広めたいと、宇宙規模の願いをもって、いろいろな活動をしています。

だから僕のレースには、ライバルがひとりもいません。競争相手がいないから、「無敵」状態と言えます。おそらく今後もライバルは現れないでしょう。

サラリーマンで、成績が上がらない、評価されないと悩んでいる人は、ライバルが多い

のです。

同僚だけでなく部下も上司も、自分の走っているレースのライバル。どっちを向いてもライバルだらけで、みんな同じく、狭いゴールを目指しています。ゴールできるのは一握りで、ライバルを押しのけてゴールできる自信も可能性も少ない。何のために頑張っているんだろう……と、むなしくなってきます。

ライバルは、必要なときもあります。あいつには負けたくない！　と鼓舞してくれる存在は、ありがたいものです。

ライバルになんか感謝できない、ライバルがいるから苦しいという人は、思考が一人称で終わっています。ゴールまでのレースを、あなたひとりで走っている。その一人称的な思考が、ライバルをつくりだしていると言えます。

営業の仕事で成績トップが目標だとします。トップに就くのがゴールなら、周りの同僚は敵ばかりに見えます。しかしここで、一人称的思考ではなく、会社全体、社員全体の人称で考えたら、どうでしょう。営業成績は、単なる通過点に見えてきます。会社全体の利益を上げる方向へ視点が向き、世界一の社会貢献企業を目指そうという夢が出てきます。

一人称をやめて、会社全体の人称になれば、ライバルたちは世界一の企業をつくっていく、大切な味方になっていきます。

1位を獲る、1位でゴールすると願っているうちは、意識が自分ひとりの世界で閉じています。自分以外は、排除されている。周りがライバルに見えてくるのは当然です。

僕は書道が大好き。だから書道家がもっと、個性的な人もどんどん増えたら面白いと思っています。書道教室を開いて、僕の技術をたくさんの人に伝え、書の面白さを分かち合いたい。意識の人称が僕ひとりではなく、書道教室の生徒さんたちや、世の中の人みんななので、ライバルの現れようがありません。

一人称のエゴで閉じている目標を、二人称、三人称……と引き上げていくこと。あなた個人ではなく、社会全体にビジョンを合わせていくことで、ライバルは減っていきます。同時に、むなしさも減っていくでしょう。

人称を上げるときの注意

それでは、人称を増やしさえすれば、むなしさは消えるのでしょうか？

たとえば、政治家は社会全体が良くなっていくことを考えていますが、むなしさを感じないのでしょうか？

そのことで少し、面白い事実を知りました。とある若手の政治家の方と食事したときのこと。その方はとても前向きで、志が高い立派な好青年でした。人気もあり、いつか大臣など要職に就かれるでしょう。お酒も入って、だいぶ砕けてきてから、僕はぽろっと聞きました。「実は大変でしょう?」と。すると彼は即答で「はい。たまにむなしくなります」と答えられました。

彼は政治家になってから、ある地方の高速道路料金を、半額にしました。国との折衝、地元自治体との調整や、交通関連企業との話し合いなど、血のにじむような大変な仕事だったそうです。半額になれば多くの人が楽になるはずだと。みんなの幸せのために、政治家の彼は必死に努力しました。だけど結果的に、利用者に喜んでもらえたのは1週間ぐらい。大してニュースにもならず、のみならず「まだ高い!」と、市民にクレームをつけられたそうです。

「あんなに大変だったのに……まあ、僕らの仕事はそういうもんですけどね」と苦笑いされていました。なるほど。政治家というのも、むなしさとの戦いのようです。

政策の改善や地方事業の成功など、たくさん国民のためになることをしているのに、あまり褒められることはなく、スキャンダルや政策ミスのほうばかり、強烈なバッシングを受けます。政治家は報われるという場面が、少ない仕事かもしれません。社会的な地位は高いでしょうけれど、よっぽど志がしっかりしていないと、続けられない仕事だと思います。

人称を上げるときに気をつけてほしいこと。「人のため」というのも、実は弱いんです。

たとえば多くの人の幸せのために、自分を犠牲にしてしまったら、本末転倒です。

人称を上げても、あなた個人のハッピーと、社会に対するビジョンが一致してないと、むなしさが起きます。

人の為と書いて、偽という言葉になりますよね。人に滅私奉公するのは、注意しないと偽の喜びが生じます。

自分も幸せになって、社会も幸せになる。

その意識で、人称を高く、チューニングしていきましょう。

自分のほうから満たされ続ける効果的なコツ

「あるものリスト」を数える

むなしさによく似た言葉に、「せつなさ」があります。

こんなに頑張ったのに、プレゼントしたのに、LINEしたのに……など「のに」がつく感情と、セットになって生じます。

英語で言うとloneliness です。むなしさのempty より、ちょっと感傷的。少女マンガ風というか、むなしさよりも愛くるしい成分が、多いですね。

せつないも辛いことには違いありませんが、むなしさとは分けて考えたほうがよいかもしれません。せつないは、むなしいの前段階としましょう。

せつなさも、むなしさも、一緒に減らしていく、いい方法があります。

前にも述べました、先に「満たされる」ことです。

ポイントは、「楽しい」「嬉しい」ではないこと。

楽しいとか嬉しいもいいのですが、時間が経つと、むなしさが生じやすくなります。それは燃え尽き症候群にも通じます。ライブやお祭り、パーティの後のむなしさを想像してもらったら、わかりやすいでしょう。

応用編としては、**「満たされる」に「感謝」を振りかけていく**こと。これはなかなか効果的です。

感謝しているときは、むなしさが現れません。また感謝しすぎて、むなしいというのも、あり得ませんよね。

感謝しているうちは、「足りない」環境が出てきません。感謝は、むなしさのチューニングに、最適のツールです。

「満ち足りる」と「楽しい」は相性がいいので、やや注意が必要。「楽しい」が膨らみすぎないよう、上手に「感謝」を振りかけてみてください。

うまく「満たされる」には、あるものを数えましょう。

いい景色がある。温かいご飯がある。洗いたてのタオルがある。何をしてもいい時間がある……自分の意思で用意していないのにあるものを、リストアップしてみてください。なんてありがたい環境なんだ！　と、気付けるでしょう。

僕の父親の口グセは、**「こんな美味いもの、食ったことがない！」**でした。父親は漬物が好物で、食卓にタクアンやキュウリの漬物が出ると、決まってそう言いました。高級な店で買ったものでも、そのへんのスーパーで買ったものでも、同じように「こんな美味いもの、食ったことがない！」とご機嫌でした。

ものすごい感動屋さんだったんですね。

もちろん他にも美味しい漬物はありますし、探しに行くのは、楽しみもあるでしょう。だけど「他にもある」と考えている時点で、満たされる瞬間はなくなります。

父親の基本は、「いまここにあるものがベスト」でした。だから、全部に感動できた。

普段は認識できていないだけで、あなたの人生はすでに、すごくたくさんの恵みと幸運に、満ち足りています。

あるものを数えることで見つけたものを、僕は恵みリストと呼んでいます。

恵みリストをカウントすること。count the graces です。

何かから受けた恩恵を、ひとつずつ確認して、身の回りを graces でいっぱいにしましょう。

何々してくれない、何々が足りないというより、何々してもらっている、何々を得られている、graces集めに意識を向けたほうが、ポジティブですよね。

いまあるものを数えるだけで、あなたは満たされていきます。

仕事でも家庭でも、いまの環境がむなしいというのは、幻想です。

本当はむなしくないのに、足りないものを数えるところから始まっている。だから、むなしくなるのです。

時間が足りない、承認が足りない、愛情が足りない。いろいろあるように見えますが、本当に足りないのは、感謝の振りかけでしょう。

そういう意味で僕の仕事は、とても恵まれています。

書の仕事は、大好き。書かせてもらってありがとうという気持ちで臨んでいる一方、企業のロゴや題字など、どんな作品を仕上げても、御依頼の相手から「ありがとうございます」と言ってもらえます。

双方が、ありがとうから始まっている。スタートのマインドが感謝を振りかけ合っているので、うまくいくんです。うまくいったまま、破綻《はたん》しない。

初めに述べました、コップの理論での、感謝や貢献心がどんどんあふれて出ていきます。これが僕の人生の、満たされ続けて貢献心が増えていく構造です。

繰り返しますが、先に満たされることが大事。満たされれば、感謝は自然に生じます。

たとえばサラリーマンが、自分の勤めている会社の悪口を言ったとしましょう。

どんなに頑張っても上司や同僚に認めてもらえず、待遇も悪いから、文句が出てしまう。

だけど、会社に対して悪い感情のままでは、事態は好転しません。

僕はＮＴＴ時代、ＮＴＴに対するリスペクトを最大値に設定するところから始めました。

すると、利便性の高い電話サービスや、ネットワークサービスを安定して提供している、世界一の企業だと見えてきました。

上司も同僚も、交換手の方も、電柱を設置していただく業者の方も最大にリスペクト。

こんなにすごい会社は世界のどこにもない！　勤めさせてもらえるなんて、ラッキーだ！

という考え方でした。


リスペクトから始めるというのは、「満ち足りる」からのスタートと同じですね。

ここがダメ、あそこが欠けているからというスタートは、つかみ系の考え方。足りないものを埋めようと、ひとつずつ満たしていくうちに、また足りないものが目についてしまう。心の中の凸凹が、いつまでも丸くならない生き方になります。

何にだって、欠けている部分や足りない部分はあります。

書道教室でも、最初から最高に上手い人なんて、まずいません。

だけど、世間では下手だとされている部分、ダメだと否定されているところを、逆にリスペクトしてあげる。すると凸凹の凹だと思いこんでいたものは、凸になります。欠けているところは、欠けているんじゃなくて実は満たされているんだという発想ができれば、書はぐんぐん上達します。

悪いところが見える、欠けているものに気付くというのは、注意力が高いという意味では、いいことかもしれません。だけどいきすぎると、むなしさを呼びこむメカニズムが、発動しやすくなります。

まずは「満たされる」ところからのスタートを、試してみてください。

僕自身は満たされた人間だ、教室の生徒さんや仕事相手の方々、事務所のスタッフたち、そしていつも側《そば》にいる家族、みんな最高と心からと思っているので、仕事も家庭も、全部がうまく回っています。

自分の環境は恵まれているという状態からスタートする。

嫌だったら嫌で移ってしまうこともできます。ずっと留まっていなければいけないということはありません。

そのほうが、結果もいいのです。結果に振り回されるむなしさも、なくなります。

過去は変えられる

以前、僕の書道教室の生徒さんたちに、自分の「人生グラフ」を墨で描いてもらいました。人生でよかった時期、落ち込んだ時期を、グラフ化したものです。

みんなそれぞれ、本当に多様。つかみ系の人生をばりばり邁進して、グラフがぐんぐん上昇している人、数年ごとに乱高下している人もいるし、ずーっとマイナス値で近年ちょっとだけプラスになったり、生まれてからずっと最高のプラス値のまま、現在まで来ているという人もいます。

僕はグラフが下がっているときに、何があったんですか? と、それぞれの方に聞きました。身体を壊したとか、リストラに遭ったとか、借金とか。家族を亡くされたなど、ヘビーな理由まで、いろいろです。

発見したのは、あったことの「何」を決めるのは、その人自身なんだということ。

夫の浮気を10年以上も許せない人がいますし、家族の死を、あっけらかんと話す人もいます。リーマン・ショックとか、はたから見たら気にならないようなことが、ドーンとマイナスに設定されていたり、反対にものすごく辛いはずの出来事が、逆にその人にとっては、プラスにとらえられていたり。また、プラスの時期でも、心はむなしかったとあとから気付いたという人もいました。なるほどそうか！　と思いました。マイナス値は、過去も未来もマイナス値ではない。現在のその人の環境によって、グラフを描くときのプラス・マイナスの軸は、変わっていきます。

過去は変えられるというのは、そういうことなんですね。

人によっては、むなしくて死んでしまいたい時期もあったそうですが、いま元気にしていらっしゃるということは、時間が経てばどうでもよくなっているということです。

となると、むなしさが幻想であるということがより明確に証明されたと思いました。**絶対になくならない、永遠のむなしさなんて、存在しないのです。むなしさも実体はない。満たされることも同様です。**

幸せの中身は年齢によって変わるものなので、どの幸福値が実質的に最も高いかは決められません。

いまこの瞬間をどう生きているかで、グラフの上下の位置は変わります。人の幸せの軸は、年月が経つと入れ替わるのです。

頃合いを見て人生グラフを描いてみるのは、むなしさから解放されていく、いいチューニングになります。

よかったらあなたも、半紙に筆で人生グラフを書いて客観視する練習を試してみてください。

仕事を楽しむにはまず通勤を楽しんでみる

ひとつひとつの仕事を味わう

忙しいと、むなしさは発動しやすくなります。

時間に追われ、義務に追われ、ノルマに追われ、多くのプレッシャーを同時に抱えている状態。そうなると前にも述べましたが、「心」が少しずつ、「亡」くなっていきます。

少し考えてみましょう。忙しいというのは単純に、やらなくてはいけないことが重なっている状態のことを指すのでしょうか?

たとえば同じ量の仕事を引き受けたとしても、忙しさを感じず、さらっと処理できる人と、その量に押しつぶされて、うまくさばけず、ミスしてしまう人がいます。

これは処理能力の差というより、力の入れ方、マインドの問題ではないかと考えています。

どんな仕事でも、処理する手順は基本的には同じです。誰がやっても、手順を踏めばスピードは変わりません。なのに差が生じるというのは、余計な手間や、余計な思考を、工程の中にはさんでしまっているからだと思います。

たとえばボールをひとつ取ってくるという作業があったとき、力を抜いてスッと持ってくるのが一番早いのに、取る前にあれをやっておかなくちゃ、安全なルートを行かなくちゃ、誰々に相談しなくちゃ、ボールの入れ物を用意しておかなくちゃと、仕事を遅らせる要因を勝手につくりだし、それらに自分でつまずいているパターンがあります。

ボールを取ってくる、それだけにフォーカスしていれば一番早いのに、他のことに気が散っている。これが、世の中にある、ほとんどの忙しさの正体です。

予防策は、ひとつの仕事を丁寧に、きちんと味わう意識を失わないこと。

そうすれば自然と余分な力が抜け、効率よく仕事を処理できるマインドに入っていけます。

僕が見ている印象では、**むなしさが発動する人のパターンは、ひとつひとつを楽しめず、瞬間を生きていない人が多い**です。

未来に意識が向いている。仕事を処理した先、数字をクリアした先、目標を達成した先のことに、思考がとらわれています。未来が満たされている状態。いまは、そこに向かう途中で、足りないのは当たり前と思いこんでいます。

満たされる未来のために、わざわざ足りないいまを、つくりだしているのと同じですね。忙しい人は、会社に早く行かないと怒られるとか、ノルマを達成できなければ罰を受けるとか、ネガティブな点を見つめて、追い立てられるように生きています。着替えているいま、顔を洗っているいま、ご飯を食べているいまに、意識が置かれていません。希望ではなく、失望の未来に向かっているように思えますよね。むなしくなるのは当然。

未来に希望を托《たく》すことは悪いことではありませんが、そうなると、意識の上で未来よりも、いまの順位が下がります。ありもしない未来より、いまの方が価値が下というのは、論理的におかしいことです。

いまこの瞬間、ここが「満たされる」状態から始めましょう。

我慢した先に、何かいいことがあるに違いないという未来志向は、逆にいいことを、遠ざけています。

日常を楽しみで埋め尽くす

先日、ある大企業の研究チームの皆さんを前に、仕事を楽しむには？　というテーマで講演させてもらいました。質問タイムでは、仕事をうまく楽しめません、どうしたら楽しめますか？　という人が、けっこう多かった。そこで僕がお伝えした対処法は、いたってシンプルです。「僕に騙《だま》されたつもりで、朝の通勤を、とことん楽しんでください」と。

通勤は、会社員生活の中で比重が大きいですよね。毎日の往復の時間を計算したら、かなりの長時間になります。その通勤が「イヤだなぁ」「むなしい」と思うか、「楽しくて仕方ない！」と思うかで、人生全体の充実度は、かなり違ってきます。

たとえば、満員電車に乗らなくてはいけないとします。単純に考えると、きつくて狭くて不快なものかもしれません。そこでちょっとした創意工夫を凝らし、今日は心を無にしてみよう、今日は人間観察を楽しもう、などと試みることによって、気分は変わってくるでしょう。また、発想を変えて、満員電車に乗らない、という方法もあります。早めのすいている時間帯に乗って車内で読書する、もしくはもっと早い始発に乗って、会社の窓から朝焼けを拝んで、誰もいないオフィスで集中して仕事を片付けるということもできます。

アイデアは何通りもありますね。

毎日やっていること、会社の外でしている日常を、楽しみで埋め尽くしてみてください。

楽しみは磁石なので、ひとつが楽しくなれば、連鎖的に楽しい環境は広がります。やがて仕事ぜんぶが楽しくなっていきます。

そう説明したら、社員の皆さんに伝わったようですごく感動されていました。

現代人は、未来を目指して生きるのが正しいんだと、常識に刷りこまれています。

素晴らしい未来を求めるのは、基本的には悪いことではありませんが、そのせいでいまが楽しくないというのは、おかしいのです。

素晴らしい未来が欲しいのであれば、いまを楽しむこと。

通勤途中にいつも見ている風景を楽しむ。朝食を楽しむ。歩いて好きなところに行けることを楽しむ。いまこの瞬間、当たり前にしていることを楽しみましょう。

むなしさシステムが発動するクセはコントロールできる

頑張らないコツ

前の章で、むなしさが発動する典型例に、燃え尽き症候群があると述べました。これは承認欲求の満たされなさが、深く関係しています。

身近な例だと、主婦のむなしさです。

毎日、休みなく家の中で働いているのに、感謝されることはほとんどなく、報酬もない。ちょっと手を抜いたり体調が悪くなると、夫や子どもに怠けていると責められて……欲しかったはずの幸せな家庭なのに、こんなに満たされないなんて。むなしくてしょうがない、というのが典型のパターンです。

頑張っても頑張っても、認められない。こんなはずじゃなかった。という思考回路が、むなしさを招いています。

内定の決まらない就活生も、同じようなむなしさに襲われます。エントリーシートを何十枚もつくって、何十社も受けているのに、面接にさえたどりつかない。やっと面接に行けても、圧迫面接でひどく傷ついたり。「ご縁がありませんでした」「不採用」の通知が、何十回も届くと、それは気落ちしますよね。あなたは必要ありません、と繰り返し宣告されるのは、大変なストレスだと思います。

主婦のむなしさも、就活生のむなしさも、同情を感じる部分はありますが、「頑張って認められたい」メソッドには、落とし穴があることを明確にしてもいます。

頑張るんだけれど、欲しい結果が得られないと、報われない。欲しいものが得られれば、それはそれでいいんですが、発想が報酬ありきになっている。つまり、いま「足りない」という状態が膨らみやすく、むなしさが生じています。

頑張るとむなしさは、限りなく近い存在です。

「頑張る」とは「頑《かたく》な」に「張る」と書きますよね。固く緊張している状態。張っている間はいいんですが、ふと緊張が緩んだとき、ひどい疲れに襲われます。それが、むなしさ。頑張りの緩んだところに忍び寄ってくるのが、むなしさです。

よく、忙しい時期を抜けて仕事がひと段落したとき、風邪をひいたりしますよね。あの状態です。何とか張っていたものが、緩むと、身体の状態が悪くなる。

頑張るのは悪いことではありませんが、マインドは固く緊張しているし、何かの報酬を期待しているから、バランスは崩れています。チューニングのいい状態とは、逆の状態ですね。無理してでも、辛い思いをしても、欲しいものをつかみにいくという。頑張るという言葉は、つかみ系の生き方を象徴しています

理想は、頑張らない、疲れない生き方です。

スローライフの雑誌などでも、よく言われますよね。「頑張らない生き方」。それができれば苦労しないとか、頑張らずに欲しいものが得られるの？　など、反論される方もいるでしょう。

意外と簡単にできますし、欲しいものも、拍子抜けするほど楽に得られます。

要は「頑張らない」チューニングと、欲しいものへの設定を変えることです。

僕の書道教室には、書が上手くなりたい生徒さんが、たくさんいます。ほとんどの生徒さんは最初は、頑張っちゃいます。納得できる書ができるまで、何時間も練習を繰り返そうとします。それでもいいものができない。どれだけ頑張ったらいいですか？　と聞かれることもあります。僕は「逆ですよ。頑張っちゃうと肩が凝るだけなので、頑張らないでください」と言います。

これが答え。

リラックスして、楽しんで書いてくださいと。

頑張って書いていると、うまくいかない結果に納得できず、むなしさが現れます。そうじゃない。僕にとって、書道はヨガの瞑想と同じ。瞑想だから、むなしさが生まれる余地は本来、あるはずがないんです。

頑張ってヨガを極めよう！　としている人のポーズはやっぱり、何となく緊張感があって、リラックスしていませんよね。反対に、ポーズを決めようと頑張ってなくて、ヨガを楽しんでいる人の動作は、すごくきれいですよね。見ているだけでも、疲れが取れているのがわかる。書道やヨガに限らず、頑張らない人のほうが、上達するし、成果もあるというのは皮肉かもしれませんが、事実です。

頑張るというのは、いいこともあります。得られるものがわかりやすいですし、頑張っている間は、刺激的で、充実感もあるでしょう。交感神経が高ぶっているから、身体の代謝も上がります。先ほど言ったように、病気にはなりづらい状態かもしれません。

しかし、何度も言っていますが、人はバランスが肝心です。交感神経が高いままでは、必ず不調を招きます。瞑想など、気を静める作業を採り入れて、副交感神経を調律しておかないといけません。

頑張ってもいいけど、頑張らないで、やってみるのもいい。それぐらいのバランスで仕事や家事、習い事に向き合うのが、ちょうどいいと思います。

正解を探さない

あと、欲しいものの設定ですが、僕の見た感じ、むなしい人は正解を求めすぎな傾向があります。

主婦なら、自分が大事に大事にされている、笑顔に満たされた家庭。就活生なら、給与も待遇も何ひとつ不満のない、優良な大手企業の内定。それが正解で、正解以外の環境は負けであり、失敗だと思いこんでしまっているのではないかと。

正解探しは、意味がありません。正解が欲しい、そう思った時点で、むなしさからは逃れられなくなると覚えておきましょう。

理想の家庭の形でなくても、円満になるために改善すればよいのです。就活がうまくいかなくても、就職以外の道を見つければよい。むしろ選択肢が増えたと考えられます。

書道には、正解がありません。

上手くなりたいという生徒さんに、文字の書き順や最低限の技術を教えることはできるけれど、これが正解というものは教えられないのです。そもそも上手くなりたいって、何でしょう?

上手さを追っていると、永遠にキリがありません。

硯《すずり》をすって、墨に筆を浸して、紙に向かう。筆って、こんなに柔らかいんだ、石の感触って気持ちいいな、紙は誰が作ってくれたのかな、と目の前のすべてのものをたっぷり味わって、書を書き出す。これがすべてで、いいのではないでしょうか。

頑張っていいものを書こうと努力している書と、目の前の瞬間だけにフォーカスして書き出した書とでは、スタートがまったく逆になります。

雑念をはらう、無心になるという表現に、近いかもしれない。正解を追わず、いまここだけに集中することで、人は自然と、最高の結果を生み出します。

承認欲求を満たされなくても
むなしくない生き方

過去といまを逆転させる

むなしさは、もともと人に備わっているもの。承認されている気持ちが薄かったり、つかみ系が先走ったり、チューニングがうまくいかなかったり、いろんな要因で、ポッと発動します。

むなしさがまったく身体の中にない、という人はいません。僕もかつては、むなしさを感じていた時代があります。

比較社会のなかに生きている以上、むなしさゼロで生きていくのは難しいです。けれど軽くすることは、できます。

肝心なのはチューニング。いかに上手に付き合っていくかだと思います。

たとえは悪いですが、がん細胞に似ています。がん細胞は毎日、人の身体の中で生まれているのは周知の通りです。けれど健常者は、免疫のバランスが整っているので、がん細胞の増殖は抑えられています。ゼロにはできないけれど、悪さを起こさないよう体内で制御されている。その制御が崩れたときに、がんは病気になって現れます。

むなしさも、「足りない」と「満ち足りる」のバランスが崩れると、発動します。

無理に、むなしさを叩《たた》こうとしてはいけません。

これまで述べたようなメソッドを採り入れることで、その発生を無理なく、セーブできます。

僕の友人の画家は、義理の父親に小さい頃、ずっと虐待を受けていました。だけど大人になってからの性格は、とっても優しい。明るくてポジティブ。ごく自然に「僕には闇とかむなしさとか、ないんですよ」と言います。

彼のように、むなしさが発動する条件が揃《そろ》っているのに、むなしくない生き方をしている人はいます。

なぜでしょうか?

画家の彼は、過去をトラウマととらえていないからです。

辛い体験があったのは事実ですが、その延長線上に、いまを置いてるわけではない。

逆なんです。**いまを「満ち足りる」状態にチューニングして、過去を思い出に昇華できているる**と言えます。

むなしさは条件が揃えば、必ず発動するものではありません。チューニング次第で、彼のように、トラウマに苦しまず、ポジティブな現在を導けます。

トラウマに苦しまない方法

そもそもトラウマの定義は、曖昧です。子ども時代の辛い記憶は、大部分、本人が思いこんでいる要素で形づくられます。

記憶は、情報です。感情とは違います。

情報は、後づけの修正で、どんな風にも書き換わります。

たとえば親にぶたれた、お前なんか死ねと言われた、家の外に立たされたなどの記憶は、たしかに辛いものですけれど、どのような情報として記憶の格納庫にしまうかが大事です。

トラウマとして格納しておく場合がほとんどかもしれませんが、たまたま親が機嫌が悪かったんだよなとか、本当に自分が叱られるようなことをして反省するとか、後で付加する情報によって、子ども時代の親子の大切な思い出に書き換わる場合があり得ます。

トラウマは、心の傷のまま治らないものとは限りません。

いまが「満たされる」など、ポジティブなアプローチがうまくいけば、トラウマはまったく別の温かい記憶に変わります。

楽ではないかもしれませんが、心理カウンセラーが試みている療法と、近いかもしれないですね。

まず心の傷となっている情報を人に聞いてもらう。他人に話すというのは、記憶の情報更新に、とても役立ちます。

辛い事実は、消せません。

けれど、そのとらえ方は、いくらでも変えられますよと、言いたいのです。

いまが「満ち足りる」ものに、チューニングできると、過去の事実が、幸せの原因になっていきます。

繰り返しますが、むなしさを減らすには、いまの状態を満たすこと。

いまがfullになると、過去のemptyは、オセロのコマがひっくり返るように、満ちていきます。

辛い過去を無理に消したりしなくてもいいんです。消せるものではありません。逆に消そうとすればするほど、むなしくなります。

先に幸せになっちゃえばいい。

いまこの瞬間の幸福力を上げると、過去のトラウマも、幸せの原因や理由になっていきます。

カリスマに学ぶビジョンのもち方

書道の歴史に、王羲之《おうぎし》というカリスマがいます。4世紀に活躍した、書聖と言われる偉人です。音楽の世界のショパンやモーツァルトみたいな人です。

彼は『蘭亭《らんてい》の叙《じょ》』という書を残しています。曲水の宴の際に、酔っ払いながら書いた詩集だと言い継がれています。書の歴史に残る傑作なのですが、王羲之自身の真作は、実はまだ見つかっていません。かつて中国の権力者たちが、その真作を探し求めて争ったとも言われます。

『蘭亭の叙』には、王羲之の時代から何百年もの過去と未来の人類、全世界、そして宇宙全体の真実について、書かれています。当時の中国はまだ内乱が続いていて、政情は不安定だったはず。だけど王羲之は国内の政治に留《とど》まらず、人類と宇宙に、ビジョンを合わせていました。思考の次元が、いかに高く、人称も高かったかが、うかがえます。そういう大きな人物の書だからこそ時を超え、現代の書家たちの間でも、大きな憧れになっているのです。

次元のエネルギーは、高いほうから低いほうへ流れていきます。次元の高い人がトップの組織は、エネルギーがうまく分けられ、みんなが豊かになっていきます。「普段から物事の見方が違う」人が率いている社会は、繁栄するということです。

統治能力より視点の広さ

小さな地方の市長と、総理大臣。どちらが優秀なのかというと、総理大臣だとは限りません。任されているのは市政と国政という違いはあるかもしれませんが、その**統治能力と視点の広さは別のもの**です。

僕の印象では、**ポジションの高さより「どれだけ人称の高い世界を見ているか」が、その政治家の能力を決めている**ように思います。

市民、国民も大事ですが、アジアひいては全世界の人たちに何が貢献できるか、どう幸せにしていけるかという発想をしている政治家は、たいへん魅力的で、話す言葉が深く届きます。

コップの器をどれだけ大きくできるか。そして、どれだけ人称を高く持てるか。政治家の資質として問われるべきだと思います。

世界的企業を見ると、人称の高い人がトップに就いています。会社の行く先、経済界、日本の歴史、資本主義の未来、そして人類全体がどこに向かうんだろうと、真剣に考えられる人が、社長になっています。

人称の高い人が「満ち足りる」と、あふれでる感謝や貢献は、すごいものになりますよね。僕はそういう社長を、リーダーを、ひとりでも増やしたい。世の中のリーダーの人称を高くしていきたいんです。

いまは企業のトップも、つかみ系のメソッドで戦っている人が目立ちます。競争で勝ち上がったものが評価されて、高い対価を得られるという思いこみが、まだ残っている。それはそれで正しい面もありますが、いろんなところで、むなしさを生んでいます。

コップが極限まで大きく、常に満たされた、感謝であふれる人が、各界のリーダーに就いたら、人類はとんでもないことになります。

大きなコップに幸福値を満たしたリーダーが、たくさんの人に感謝と貢献を分け与え、分け与えられたみんなのコップも、またあふれ出て、感謝と貢献が世界中に満ち渡っていく。むなしさは、どこにも現れてこない。それが、僕の想像する真のハッピーな世界です。

リーダーたちに、大きなコップを持ってもらうおせっかいを、僕は続けたいと思います。

選択肢の多いなかからベストを選ぶコツ

いい選択をしたから幸せになれるわけではない

二者択一を迫られて、どちらかに決められないという相談を、よく受けます。

多いのは転職と離婚。いまの仕事もしくはいまの亭主を、捨てるべきかどうか？　で悩まれています。

なるほど、切実な問題ですね。どんな苦しさがあろうと、いままで続けていた環境を捨てて、新しくするのは、誰しも躊躇《ちゅうちょ》するものだと思います。

でも、僕の答えは「**どっちでもいいです**」。

問題は、捨てるか維持するかではありません。**マインドが切り替わらないと、何を選んでも行き着く先は同じ。**「満たされる」メソッドが有効になっていないと、いい会社に転職できても、新しい亭主が見つかっても、いつかまたむなしさを呼び寄せます。

いい選択をしたから幸せになれる、というわけではないんですね。それはつかみ系の発想。「満たされる」ことが何なのか、自分の中で見つけられていなければ、選択には何の意味もありません。

条件ではなく楽しくなるほう

わかりやすく言うなら、その選択に覚悟ができているか、ということ。

腹が据わる、丹田にスッと落ちる選択ができれば、何も迷いません。

選択をアドバイスしたとき「でも……」とか「やっぱり……」と、少しでも決断が揺らぐとしたら、そこには覚悟がない証拠です。

実は、答えは、あなた自身が知っています。

離婚しようかどうか悩んでいる女性に、離婚したほうがいいと言ったときの反応で、わかります。パァッと表情が明るくなったら、すぐ離婚したほうが幸せになれるかもしれません。

覚悟という言葉が大仰だとしたら、**選んだ瞬間、楽しくなるほうと**言い換えましょう。

以前、相談に来られたのは、一流大学を出て大企業に就職した女性でした。給与も待遇も、とても恵まれていましたが、会社を辞めようか悩まれていました。実は「パティシエになりたい」のだそうです。パティシィエは、まるっきり素人からのスタート。世間的な目で見れば、大企業勤めを捨てて、追いかける夢ではありませんよね。

だけど彼女の表情は、会社の話をするときはどんより沈んでいて、パティシエの話をするときは、パァッと明るく生き生きしていました。もう答えは、決まりですね。

僕が「どっちがいいか、あなたはもう自分で決めてますよ」と言うと、彼女はハッとなって、後に会社を辞めました。いまはパティシエになり活躍しています。とても充実されている様子です。

覚悟を決めるというのは、歯を食いしばって踏ん張って決めるみたいな、悲壮感が漂うイメージがありますけど、本当は逆です。

笑顔の伴う、楽しくて、穏やかな決断のこと。

どっちがいい選択か？ と迫られたとき、条件的に最良のほうを選ぶのではなく、顔がニヤッとする方を選んでみてください。それが、覚悟の決まった選択です。

むなしさを消すには、まず形から入ってみる

取材を受けたとき、しばしば「双雲さんはどうやってモチベーションを上げていらっしゃるんですか?」と聞かれます。答えは「モチベーションを上げようとしないこと」です。

僕はモチベーションのデフォルト値が、ずっと高いところにあります。

どうやって上げるか? という疑問が、元からありません。

高い状態が、僕にとっては普通となっています。

その高い位置で、モチベーションはほとんど上下しません。普通の人は、環境や、かけられる言葉、報酬などさまざまな要因でモチベーションは上下しますが、僕は高い位置で一定を保っています。

基本的にワクワクしている。でもはた目には、それほど感情の変化がないので、クールな感じに見えるかもしれませんね。

僕はモチベーションが上がるとか下がるという世界にいないんです。

もともとが元気。子どもと一緒です。

子どもって歩くだけで楽しそうですよね。石ころを蹴るのもスキップするのも、ウキウキしていて。いつも理由なく笑っています。何でそうなのか、理由はありません。子どもは「元の気」だから、元気なのです。

楽しそうにしていれば楽しくなる

書道教室の生徒さんに言われました。僕がいつも子どもみたいに、ワクワクして、モチベーション高くいられるのが不思議でしょうがないと。その方は主婦で、典型的な燃え尽き症候群に悩んでおられるようでした。何を楽しんでいいのかわからない、むなしさにとらわれていました。

「何で先生は、そんなに楽しそうにいられるんですか?」と。僕は、こう答えました。

「楽しいことが起きているからじゃなく、楽しそうに生きているだけですよ」と。

そのとき彼女の目の前には水の入ったペットボトルがありました。普通に飲んでみてくださいと言うと、彼女は普通にごくりと飲みます。次に、すごく楽しそうに、わー楽しい!　水を飲むのって最高!　って言いながら飲んでくださいと言いました。彼女は戸惑いながらも、楽しそうに、笑いながらペットボトルの水を飲みました。

そこで、ハッと気づいてもらえたようです。

何が楽しいか、じゃないんですね。


先に「楽しい」状態をつくること。


楽しんで水を飲むという、それだけで現実は、まったく違うものになります。

それ以来、彼女は家事をしたり、息子の用事で遠くへ出かけるとき、いつもペットボトルのイメージが浮かぶようになりました。そのたびに楽しく、表情が明るくなって、だんだんむなしさも消えていったそうです。

僕がやったのは、些細《ささい》なこと。楽しそうに水を飲んでくださいと言うだけでした。実はそれがむなしさを減らす、効果的なチューニングなのです。

まずは形から入ること。

むなしいときに無理に笑ってください、という意味ではありません。自分の本心とあまりに違う感情になろうとすると、むなしさは大きくなる場合があります。

自分の潜在意識とリズムが合わせられる、無理のないポイントに、「楽しい」気持ちをそっと置いていくイメージで臨んでみてください。

少し抽象的ではありますが、コップ理論の延長です。幸せのハードルを下げる、未来志向をやめていまに集中するなど、いくつかのメソッドを組み合わせれば、うまくいきます。

僕が他の本でも語っている、口角を上げて生活するとか、願いを書に書いてみるというのも、応用のひとつでしょうね。

形から入るいろんなメソッドを自分流に採り入れて、僕は常にいい状態をキープしています。刺激ゼロでも100でもない。ちょうどいいバランスの、心地いい刺激のなかで、暮らしています。

毎日同じようなことの繰り返しで刺激がなく、むなしいという人がいます。

その状態が僕にはないので、正直よくわかりません。失敗とか成功という概念も、同じです。

何をもって刺激がないというのか？　何をもって成功なのか？

周りの評価や状況に気を取られて、自分のマインドで、勝手に決めているだけではないでしょうか。

思いきって競争をやめたら成績は伸びる

ひとつひとつを楽しめば良い結果が出る

僕がいままでやってきたことは全部成功したかもしれないし、全部が失敗だったかもしれない。目標がないからジャッジに振り回されることもありません。

むなしさは限りなく小さい。だから仕事で悩むことはないですし、どんな状況でも、目の前の仕事に打ちこめます。

先に「楽しい」状態で入って、モチベーションを高く維持しています。順位や目標にとらわれません。必死につかみ系で頑張っている人からしたら脳天気な発想かもしれませんが、むなしさを減らすには最適の方法です。

プロ野球選手なら、ボールを投げる。バットを振る。ボールを見る、試合中の全部の行為ですね。水泳選手なら、腕の漕《こ》ぎのひとつひとつ。サラリーマンなら電車通勤、会社に着いてタイムカードを押す、同僚への挨拶、メールチェックでパソコンを立ち上げる瞬間……一挨拶一しゃべり一メール、全部を「楽しく」できるのが理想です。

どんなことでも、ひとつひとつの大事な積み重ねで、できています。積み重ねた先が、いまなのですから、ひとつひとつを「楽しく」できていないのに、いまが「満たされる」わけがありません。

多くの人は成績を争う競争のなかで、目の前のことを楽しむのを忘れがちです。ひとつひとつを楽しめる人は、ポテンシャルを最大限に引き出せます。成績のいい人で、いやいや目の前のことをやっている人は、いませんよね。

「楽しい」マインドを、ひとつひとつに織りこんでいけば、結果は必ず最高のものになります。

知り合いの為末大さんは、陸上のハードル競技で、世界で活躍されました。しかし現役時代、大変なスランプに陥ったそうです。トレーニングをどれだけ頑張ってもタイムが縮まらない。そのときは大変なむなしさに襲われたといいます。悩んだ末に、ふと、競争するマインドをやめようと思われました。走りのひとつひとつを楽しむことに集中しようと。するると、腕と足のひと振りひと振りに意識が集中できるようになって、またタイムが良くなっていったそうです。

それ以来、彼はつかみ系のレールから降りました。アスリートとしては特異な存在です。けれど為末さんは選手を引退後も、さまざまな分野で活躍されています。何かをつかむのではなく、ひとつひとつを楽しむマインドにスライドされた結果だと思います。

同じく、僕の書道教室に通ってくれたり、テニスを教えてくれたり親交がある杉山愛さんは、試合に勝つことではなく、ラケットのひと振りを楽しむようにしたら、試合でいい結果を残せるようになりました。

オリンピックの水泳競技で一時代を築いたイアン・ソープ選手も、同じらしいですね。彼の著書を読むと、小さい頃から「競争しようと思ったことが一度もない」と言います。ただ泳ぐのが楽しい、ライバルなんて考えことない、水をかく動作のひとつひとつが楽しくてしょうがなかったそうです。オリンピックと世界水泳を合わせて20個近い金メダルを獲ったスーパーアスリートも、つかみ系ではなく、ひとつひとつを楽しむ達人だったのです。

全盛期のタイガー・ウッズも、そうだったと思います。ライバルと厳しい優勝争いをしているゲームで、相手のパッティングに「入れ！」と応援したとか。彼はゴルフのプレーそのものが、楽しかったのでしょう。

評価されても満たされない

彼らとは違って、必死に努力した結果としてメダルを獲ったり、勝利を手にするアスリートもいます。けれど、ひとつひとつを楽しまず、苦行のようにトレーニングに耐え、むなしさに襲われながら勝ち取る1位と、楽しんでいるうちに手に入る1位、価値は同じでも、本人の満足値は、だいぶ違うのではないかと思います。

突きつめると、競争するのって、何なのでしょうか?

競争で得られる1位は、他人の評価もセットになっていることが、ほとんどです。1位のときはいいけれど2位または10位よりも下に落ちたら、評価は急落して、むなしくなります。自分じゃなくて周りは、順位を見ていたんだ……と。

むなしくなるのは、仕方ありません。競争のマインドで戦っている時点で、1位という称号的なものを求めています。すると称号的なものをありがたがる人たちが周りに集まってくる。アスリートに称号がどの段階でくっついてくるかを、楽しみにします。くっついたときは褒めるけど、アスリート自身からわき上がったものではないから、いつか剝がれます。そのとき周りの評価は下がり、先のコップの中の幸福値はグッと減るわけですね。

これがつかみ系のむなしさのメカニズムのひとつ。後からくっついてくる称号的なものを幸福値にしてしまうと、結果的にむなしさが生じます。

評価と「満たされる」は、まったく別のものです。

競争には競争でいいところはありますが、どうして勝ちたいのか？　1位になりたい理由は？　本当に求めているのは何なのか？　を、しっかり自分に問い合わせることが必要です。

競争に勝ちたい、という気持ちはライバルがいるからですよね。常にライバルを意識している状態。すると、ライバルのペースに巻きこまれる可能性があります。最良のパフォーマンスを引き出すどころか、リズムが狂って、成績が落ちていきます。

いい結果を出すのに、ライバルは必要ありません。必要なのは、ひとつひとつを楽しむ余裕です。

動作の一つ一つにワクワクしていれば、どんなレースに出たとしても、あなたの能力でたどり着ける、最高の順位を得られます。

ライバルが現れたとしたら、同じ道を行く友だちができた！　自分のパフォーマンスを引き出してくれる仲間が現れた！　と、ポジティブに考えてください。

SNSがコミュニケーションのむなしさを助長している

リアクションを期待しない

第3章で、コミュニケーションで生じるむなしさについて書きました。つかみ系とはまた違う、**「欲しいリアクションが相手からもらえない」むなしさ**に、悩んでいる人は多いようです。

よく聞くのは恋愛の場面ですね。付き合っている人が、LINEの返事をくれない。既読スルーが続いている。返事が欲しいからまたLINEしようと思うんだけど、重く思われたら嫌だし……LINEの返事を待っているだけの自分が、むなしくなるパターンです。

返事がない、どうにかして返事が欲しい気持ちがエスカレートすると、ストーカー行為になったりするのでしょう。

コミュニケーションはキャッチボールです。返事のやりとりがスムーズな、いい状態で対話ができていないのは、相手の構えているミットに、いいボールを投げていない場合がほとんど。受け取ってくれないところに、ばんばんボールを投げ続けていたら、いやになって当然ですよね。

僕は最近、ソフトバンクホークスの監督の工藤公康さんと対談しました。工藤さんから聞いた話ですが、最近、キャッチボールのできない父子がすごく増えたそうです。

キャッチボールをしているときの父子の会話が、噛《か》み合っていないというんですね。お互いに「ナイスボール！」とも言わないし、暴投して「ごめん」を言わない。

運動神経がどうとか以前の、基本的なコミュニケーションが、親子なのにできていないパターンが増えていて、驚いていると言われます。

ショッキングですね。コミュニケーション不全がいろんなところに広まっている、日本社会の反映なのかもしれません。

リズムの合ったキャッチボール。そんなに難しいことではないはずです。相手の気を読み、ボールを交換できるように努めましょう。

どの球を、どんなミットに投げるかというのも大事ですね。僕は世の中へメッセージを伝えるとき、SNSを工夫して使っています。

拾いたい人だけ拾って、拾った方で好きなように処理してくださいというスタンスで投げると、ちょうどいい。不特定の相手を想定した、ブログやツイッター、メルマガなどに適しています。

感動はタイミング

僕自身はＳＮＳのいいところの恩恵を受けていますが、ＳＮＳ社会が人々のコミュニケーションのむなしさを深めてしまった部分はあるでしょう。

顔が見えないぶん、ボールを投げるタイミングが計りづらい。向こうはサッカーをしているのに、いきなり野球のボールを投げるような、ズレている事態もあります。

そして、ブログにフェイスブックにツイッターにＬＩＮＥと、受け取ってくれるミットが多数あるように勘違いしやすい。実際は全部を同時に使いこなせる人は、ほとんどいません。仕事で忙しかったり、そんな気分じゃないときもあったり、ボールを受け取れない状態のほうが多いでしょう。でもボールを投げるほうは、あなたのためにボールを丁寧に投げたのに、どうして返してくれないの？　なぜキャッチボールしてくれないの？　というむなしさに陥りやすい。

ミットが多いからといって、どこに投げても返してくれるとは限らないのです。

ＳＮＳ社会は、便利になった反面、ボールを投げることにばかり意識が行って、相手の状態をかえりみない、コミュニケーションの齟齬《そご》を生みやすくなっている気がします。

肝心なのはタイミングです。

僕の言葉でも、感動しましたという人もいれば、ただ重たいだけですという人もいます。その人がどういう心理状態で、どんなミットを開いているか。タイミングによって、受け取り方が違います。そのタイミングがどのように変わっていくか、仲のいい親友でも、夫婦同士でもわかりません。

人の心は入りこみすぎると樹海と同じです。迷路みたいなもの。日にちと時間ごとでも、様相が変わります。

気が向いたとき投げたボールが、相手に届いて、いいタイミングで返ってくる。それがうまくいくほうが、実は珍しいんだと思ったほうがいいでしょう。

あなたも、どんなに好きな人が相手でも、ＬＩＮＥもメールも欲しくない、わずらわしいときがありますよね？

キャッチボールはコミュニケーションの要ですが、投げるボールの種類より、いつどんなタイミングで、どこに投げるかを考えましょう。

投げたボールが全部、相手のミットにきれいに収まるというのは、滅多にありません。神様の言葉でも、気分によっては受け止められないように。体調が悪いときは博愛精神も慈悲の心も持ちづらいし、どうしてこんなに苦しめるんだと、神様仏様に文句を言いたくもなります。

太陽は、世界中の民族から神様のように崇められています。だけど夏は、こんなに暑くしなくてもいいのに！　と文句を言われるし、飢饉《ききん》の地域では、強いまぶしさが憎まれたりします。

神様や太陽でさえ、どんないいボールを投げても万人に受け取ってもらえるとは、限らないのです。僕たち人間が、コミュニケーションで悩み、むなしくなるのは、まあ無理もないぐらいに考えましょう。

無理をせず感覚に任せる

何とかしようとしない

何かを達成しようとすると、どこかで無理をしないといけなくなります。努力も必要、何かを犠牲にしたり、何かに抵抗する場面も出てきます。そういうとき、むなしさは膨らみます。

僕のメソッドでは、努力も犠牲も抵抗も必要ありません。

大事なのは、**バランスチューニング**。

幸福値がちょうどいいところに満たされるポイントに、意識を調律させていくこと。感覚の内部の作業ですが、誰にでもできます。

コツは、力を抜く。波に身を任せる体感を利用してみてください。

つい最近、僕はサーフィンを始めました。海辺に住んでいるので、いつでも機会はあったのですが、はまってしまうのが怖くて、なるべく敬遠していました。だけど思いがけずご縁があり、ベテランサーファーの指導で、海に出ることになりました。

サーフボードに乗って、パドリングで波の揺れている沖合へ向かいます。初心者は、そこでサーフボードにただ乗っかるところから始めます。だけど、何もしてないのに身体がひっくり返るんです。何とか頑張って、手と足でバランスを取ろうとするんですけど、余計にグルグル回転してしまう。

何でかな？　と困っていると、師からのアドバイスが。

「双雲さん、力を抜いて、波に身を任せていれば、身体が自然に乗せてくれます」と。

これは深いなぁと。力を入れて、操ろうとしてもダメ。身体が自然に、そう動いてくれるバランス感覚を、研ぎ澄ませることが大事だというのです。

テニスと同じですね。上手くラケットを振ろう、と思ったらいけない。

「乗ってるだけでいいんです。頭を通さず、体幹で全身のバランスをとるように、お尻が勝手に動きます」と。

なるほど、**頭で何とかしようとしない感覚！**　これだ！　と思いました。

溺れないようにしよう、この波にうまく乗ってやろう、というのは、つかみ系の思考なんですね。頑張って夢を叶えるんだという発想に通じる。

だけど実は、何をつかもうとしなくても、波は身体を自然に連れていってくれます。成功者といわれる人の話を聞いても、必死で努力したから夢をつかんだ、という人は案外少ないです。思いがけないタイミングで幸運な出会いがあったとか、力を抜いたときに転機が訪れたとか、つかみに行ってないときに成功のチャンスを得た人のほうが、圧倒的に多い。

世の中の流れは、風や波と一緒。身を任せて乗っていったほうが、想定していたよりも遠くまで行けます。

流れを切り拓くように、自らの意志で突き進む道もありますが、体力と神経の消耗が激しすぎますよね。何とかうまくボードに乗ろうともがいていたら、クタクタになって、サーフィンが好きではなくなっていたかもしれません。

いまでもたまに友人たちと一緒にサーフィンに行きます。身体のバランスの取り方を確認するには、とてもいいですね。

ブレーキと補助輪を外せば自然とバランスは取れる

サーフィンと同じような話で、自転車の練習のエピソードがあります。

僕たちの世代は、小学校低学年ぐらいになると、みんな自転車に乗るために、補助輪を外して練習しました。最初は当然、こけます。何度も転んで、膝をすりむいたりします。転んでは乗るの繰り返しを1カ月ぐらい続けて、やっと補助輪なしで自転車に乗れるようになる。ほとんどの大人は、そうやってきたと思います。

でもいまは全然、違う方法があります。

うちの長女が、自転車に乗る練習を始めたとき、自転車屋さんに頼んで補助輪を外しました。自転車屋さんは「じゃあこれも外しますね」と、ペダルを取っちゃったんです。え？　ペダルを取ったら、漕げないいんじゃないですか？　と言ったけど、「これでいいんです」と。

娘はペダルのない自転車に乗ると、地面で足を蹴って、スッスッと前に進みます。ペダルは漕げない。だけど足は地面に着いてるから、転びません。キックボードの要領ですね。

その乗り方を数時間、続けていました。娘は補助輪で安全に走れていたときより、「楽しい！」と言います。足で地面を蹴って、自転車を走らせているうちに2、3日が経ちました。すると娘が地面から足を浮かせている時間が、長くなっています。

娘はペダルなしの自転車に乗っているうちに腰と下半身、上半身のバランスを取って、こけずに前に進むポイントを、見つけていたのです。

娘は僕たちがつくったようなすり傷を、ひとつもつくりませんでした。ずっと「楽しい！」と言っているだけ。そしてペダルを元に戻すと、ずっと前からできていたように、自転車をスムーズに漕ぎました。

娘は努力して、こける恐怖心が発動しない動作を、見つけたわけではありません。楽しく遊んでいるだけで、いつの間にか自転車に乗るという目的を達成しました。

僕の中では、イノベーション級の発見でした。

赤ちゃんがハイハイから、歩きを覚えるのに近いかもしれませんね。補助テーブルがなくても、お母さんを追いかけているうちに、いつの間にか歩きだすという。

赤ちゃんも、娘も、つかみ系の考え方で頑張っていたわけではありません。楽しんでやっているうちに、できるようになった。この感覚を、僕たちが取り戻せることを願います。

膝をすりむいた傷の数だけ、自転車にうまく乗れるというのが、これまでは教え方の基本でした。その根底には、楽して稼いだらダメ、辛いことを耐えぬいて得たものでないと価値はないという、日本の昔ながらの美徳観があると思います。

ストイックな美徳を否定はしませんが、楽しんでいるだけで、一度もケガせずに、自転車にスイスイ乗れるようになった娘を見ると、努力って何だろう？　という気持ちになります。

楽しんでいるだけでも結果は出る。このメソッドが通用することを、まだ小さい娘が、証明してくれました。

究極のむなしさは死の直前に訪れる？

ふと疑問になったのですが、むなしさは野生動物にも、あるのでしょうか？

孤独のむなしさや空腹のむなしさは、感じているかもしれませんが、人間のむなしさとは別のものでしょう。

好きな人に冷たくされるむなしさ、中学生ぐらいの男子のオナニーの後のむなしさ、愛してもいない男と行きずりのセックスをしてしまったむなしさとかは、動物にはないと思います。

むなしさは人間特有のもので、進化の証《あかし》かもしれませんね。

人の複雑な社会性から生まれた、本能とは別の特別な感性だと考えられます。だからこそ、悪いものと断じずに、付き合っていきたいものです。

死ぬ直前に感じる孤独感は想像しがたいものです。

大ベストセラーになった『神様のカルテ』の著書の夏川草介さんは、現役のお医者さんです。患者さんも大勢、看取《み》られました。

夏川さんが言うには、死ぬ前の患者さんはみんな孤独に怯《おび》え、ひとりで死んでいくことが、とてつもなくむなしい、と言うとのことです。そのむなしさを少しでも満たすのが医者の役目かもしれないと、夏川さんは患者と対話することで孤独を癒やす手法を採り入れて、治療にあたっておられます。

アナログな手法で実践したのが、マザー・テレサですね。死に瀕《ひん》した患者の心を満たすのに、寄り添って、手を握ってあげるだけ。

その様子を撮った映像も残っています。インドのぼろぼろの診療所で、マザー・テレサはガリガリに痩せた患者の手を取り、何も声を掛けず、側に座っています。患者はほどなく息を引き取り、マザー・テレサはまた別の末期の患者の手を取ります。その繰り返し。映像には、少し意地悪なレポーターが質問している場面も残っています。「もっとお金を投じて組織的な支援をすればいいのに」「非効率ではないですか?」と。マザー・テレサは動じることなく、「これが最も善い方法です」と答えました。

死の直前の、もう満たされる可能性のない孤独のむなしさは、僕のメソッドではどうにもならないかもしれません。だけどマザー・テレサが、正解を導いてくれていました。

誰かが側に寄り添うことが、「満たされる」ものであると。

彼女は1979年にノーベル平和賞を受賞します。死ぬ前の患者にただ寄り添うというメソッドが、末期治療のホスピスの確立へとつながっていきました。


個人的な話ですが、数年前に、大好きだったおばあちゃんが亡くなりました。

死の直前、ずっと明るく前向きだったおばあちゃんが、孤独感やむなしさにさいなまれるのを間近にして、胸が痛くなりました。

僕はできる限り、手を握り、寄り添っていました。そのときにおばあちゃんに安堵の表情が見られたことが、強く印象に残っています。そして同時に、僕の心も満たされたのです。人は寄り添い合うことで満たされると感じました。

体と心、どちらもできるだけ寄り添うことが大切。

死のむなしさをやわらげる方法を見つけ出すにはもっと時間が必要ですが、これがいまのところの、僕の答えです。

あとがき——むなしさも幸せも「夢幻泡影」

仏教用語に「**夢幻泡影**《むげんほうよう》」という言葉があります。

世のすべての物事には実体がなく、ただ儚いものであるという意味です。

この字を彫った木板を、辻堂に住んでいた時代に手に入れました。いまも大事にしていて、書道教室に飾っています。

夢幻泡影は、人の根源的なむなしさを、まるごと表しています。

すべてに実体はない、儚いものであるというのは、宇宙の真理です。僕たちはみんな、夢幻泡影の世に生かされていると言えます。

だから人生は無価値である、という意味ではありません。

むなしさにも幸せにも実体がなく、儚く、意味がない。だから、過去のことや未来のことにとらわれず、「いま」を大切に、精一杯楽しんでしまえばよいと思います。

僕は、意味がないからこそ、意味をつける余白を神様が残してくれたと考えます。

著者が辻堂のお寺で手に入れた「夢幻泡影」の木板。世の中のすべてのことには実体がなく、ただ儚いものである、という意味

むなしさがあるぶん、満たそう、生きよう、と思うのではないでしょうか。

僕は、目の前の人の幸せを心から思うだけで、心は満たされます。

頭で満足をイメージできたとき、むなしさは消えています。

目をつむって、満たされている状態をイメージしてみてください。これを習慣にすると、頭で考えなくても満たされることが可能となります。

また、自分だけでなく、周りの人やもの、環境に対しても満たされているイメージを送りましょう。

それが習慣化すると、自然と感謝

の気持ちが湧いてくるようになるでしょう。
自分の周りが満たされていれば、自分自身も満たされ続けます。
そこにむなしさが入り込む余地はありません。
周りと自分のチューニングがうまい人は、エネルギーが枯渇しません。
周りにも自分にも元気が湧き続けるような、宇宙エネルギーを感じましょう。

この場を借りて、「むなしさの正体」の究明作業を一緒に進めてくれた、朝日新聞出版の二階堂さやかさん、ライターの浅野智哉さんへの感謝を伝えさせてください。共にむなしさと楽しさを分かち合い、深い気付きへの機会をいただきました。ありがとう。

武田双雲

2015年10月

ブックデザイン　永井健太郎（フロッグキングスタジオ）
編集協力　浅野智哉

武田双雲　たけだ・そううん
書道家。1975年、熊本県生まれ。東京理科大学理工学部卒業。３歳より書道家である母・武田双葉に師事し、書の道を歩む。ＮＴＴでの約３年間の勤務を経て書道家として独立。ストリート書道からスタートし、その後、書道を通してさまざまな活動を展開する。ＮＨＫ大河ドラマ「天地人」や愛知万博「愛・地球博」のグローバルハウス各ブースの題字、世界遺産「平泉」やスーパーコンピューター「京」のロゴなどに揮毫。音楽家、彫刻家などさまざまなアーティストとのコラボレーション、フジロックフェスティバルや世界陸上オープニングセレモニーでのパフォーマンスを行うほか、テレビ、講演会、イベント、セミナーなどにも出演、個展も多数開催。文化庁より文化交流使の指名を受け、ベトナムとインドネシアで書道を通して日本文化の発信をするなど、海外でも活動している。書道教室「ふたばの森」主宰。著書に『武田双雲の墨書七十二候』（朝日新書）、『ポジティブの教科書』（主婦の友社）など多数。

むなしさの正体《しょうたい》　正《ただ》しい幸《しあわ》せの求《もと》め方《かた》

2015年11月30日　第１刷発行

著　　者　武田双雲
発 行 者　首藤由之
発 行 所　朝日新聞出版
〒104－8011　東京都中央区築地5－3－2
電話　03－5541－8832（編集）
03－5540－7793（販売）

印刷製本　共同印刷株式会社

ISBN978-4-02-251329-8
定価はカバーに表示してあります

落丁・乱丁の場合は弊社業務部（電話03－5540－7800）へご連絡ください。
送料弊社負担にてお取り替えいたします。